Hartwig Schiller

Die zehnte Pforte

Hartwig Schiller

Die zehnte Pforte

Die himmlischen Hierarchien und der Mensch

Verlag Freies Geistesleben

Hartwig Schiller, geboren 1947, studierte Philosophie, Politologie, Psychologie und Pädagogik. Nach dem Studium war er Klassen- und Fachlehrer an der Rudolf Steiner Schule Hamburg-Wandsbek und ab 1980 in der Lehrerbildung tätig. 1987 wurde er als Dozent an die Freie Hochschule Stuttgart berufen, war Mitarbeiter der Pädagogischen Sektion am Goetheanum in Dornach und über viele Jahre im Vorstand des Bundes der Freien Waldorfschulen tätig. Ein Schwerpunkt seiner Tätigkeit lag in der internationalen Zusammenarbeit weltweit und Beratung neu gegründeter Schulen. Von 2007 bis 2016 war er Generalsekretär der Anthroposophischen Gesellschaft in Deutschland (AGiD). Seit mehr als zwanzig Jahren ist er in Korea aktiv, wo er derzeit in Ansan an dem Projekt «Kunst, Anthroposophie und Pädagogik» mitwirkt.

1. Auflage 2019

Verlag Freies Geistesleben
Landhausstraße 82, 70190 Stuttgart
www.geistesleben.com

ISBN 978-3-7725-2846-0

Umschlagmotiv: «Stufenleiter der Tugenden», Fresko, Kloster Sucevița,
Foto © Dirk D.
Druck: DZS Grafik, Ljubljana
Printed in Slovenia

Inhalt

Ein besonderer Ausgangspunkt

Ein erstaunlicher Hinweis, der 2019 – zum Zeitpunkt des 100-jährigen Bestehens der Waldorfschule – einen überraschenden Zusammenhang eröffnet, wird von Rudolf Steiner im September 1919 an die werdenden Lehrer der Waldorfschule herangetragen. Ein Bewusstsein von der Engelwirksamkeit sei für die imaginative, inspirative und intuitive Verwirklichung der Pädagogik von größter Bedeutung.

Für eine wirkliche Erneuerung der pädagogischen Kunst sei es unerlässlich, den ganzen Umkreis seelisch-geistiger Kräfte einzubeziehen, die das Menschsein ermöglichen, leiten und konstitutieren. Der Anthroposophie komme dabei eine wichtige Funktion zu.

Denn, so fasst er wenige Monate später zusammen, «es ist nicht bloß die Aufgabe der Anthroposophie, an die Stelle einer falschen Weltanschauung eine richtige zu setzen – das ist eine theoretische Forderung –, das Wesen der Anthroposophie heute besteht darin, dass angestrebt wird nicht nur eine andere Idee, sondern eine Tat: das Geistig-Seelische wieder herauszureißen aus dem Leiblich-Physischen, den Menschen heraufzuheben in die Sphäre des Geistig-Seelischen, damit er nicht ein Denk-, Fühl- und Empfindungsautomat sei. Die Menschheit steht heute in der Gefahr, [...] das Seelisch-Geistige zu verlieren.»*

Stuttgart im April 2019 — *Hartwig Schiller*

* Rudolf Steiner in der Lehrerkonferenz vom 24.7.1920, *Konferenzen,* Band 1, GA 300a, Dornach [4]1975, S. 164.

Altes und neues Engelwissen

Engel gehören zum Kosmos der monotheistischen abrahamitischen Religionen des Judentums, Christentums und Islams. Infolgedessen wird von Engeln in der *Thora*, dem ältesten Teil der hebräischen Bibel, dem Alten und Neuen Testament sowie dem Koran erzählt.

Von ihnen berichten aber auch die Mythen Babyloniens und die heiligen Schriften des Zoroastrismus. Engel sind kein Exklusivwissen des hebräisch-semitisch-christlichen Kulturstroms.

Auch in polytheistischen Religionen wie zum Beispiel des alten Indiens treten gottgleiche Wesen auf, die das Überirdische vermitteln. Dort werden sie Devas genannt und in den Übersetzungen der alten Schriften als Engel bezeichnet.

Die griechische Mythologie kennt die Daimones als persönliche Schutzgeister und inspirierende Geistwesen, die beispielsweise Sokrates die innere Richtung seiner geistigen Orientierung gegeben haben. Von der Dynamik seines inneren Betrachtens – seinem Denken – sprach er als seinem «Daimon».

Als Genien treten diese Wesen in der griechisch-römischen Geschichtsschreibung auf. Plutarch lässt ein solches Engelwesen Cäsar am Rubikon erscheinen und ihm bedeuten, den Grenzfluss zu überschreiten, um sich seinen Feinden in Rom zu widersetzen.

Eine Fülle an Märchen, Sagen und Legenden ist im Mittelalter Bestandteil des volkstümlichen Erzählgutes und prägt das glaubende Bewusstsein von Engelwesen.

Die um 1700 einsetzende Aufklärung mit ihrem Streben nach rationalem Verstehen bringt diesen Traditionsstrom jedoch allmählich zum Versiegen.

Mit der Reformation ergibt sich ein deutliches Akzeptanzgefälle der Angelologie zwischen den katholisch-orthodoxen und protestantischen Kirchen. Sichtbar wird dies am Beispiel des Michaelfestes, das in der katholischen Kirche seit dem Jahr 493 am 29. September begangen wird, in der Ostkirche am 8. November seinen Feiertag hat und in der evangelisch-lutherischen Kirche zu einem Gedenktag herabgestuft ist.

Dennoch ist in der modernen Theologie aller Konfessionen eine Renaissance von Engellehren zu beobachten, die sich einerseits um eine Verständigung mit den esoterischen Erfahrungen und Bedürfnissen heutiger Menschen bemüht und andererseits um eine theologische Rechtfertigung ihres Gegenstandes. Diese Bemühung klingt beispielsweise bei dem evangelischen Theologen Claus Westermann an: «Der Engel kommt ins Sein mit seinem Auftrag, er vergeht mit der Erfüllung seines Auftrags, denn seine Existenz ist Botschaft.»[1]

Das jüdische Schrifttum kennt eine Fülle von Mythen, Sagen, Legenden, Märchen, Parabeln und Gleichnissen, die häufig in mystischer Form um die Schöpfung des Menschen und ihre kosmische Dimension kreisen. Sie fußen auf den Erzählungen der *Thora* und haben sich in der jahrhundertelangen Wanderschaft in mannigfaltigen Variationen lebendig erhalten.

Eine umfangreiche Sammlung dieser Zeugnisse legte der hebräische Schriftsteller Micha Josef bin Gorion vor, die zwischen 1913 und 1927 in deutscher Fassung erschien.

Eine der darin aufgenommenen Erzählungen beleuchtet das

Verhältnis von Mensch und Engel vom Ursprung her. Sie weist den Menschen als Träger einer eigenen Würde und Fähigkeit aus.

Adam krönt den Herrn

«Als der Herr den Menschen geschaffen hatte, sprachen die Engel vor dem Herrn: Der Mensch, den du gemacht hast, was ist das für einer? Der Herr erwiderte ihnen: Seine Weisheit ist größer als eure. Und Gott brachte vor die Engel das Vieh, die Tiere und die Vögel und fragte von jedem Einzelnen: Dies hier, wie ist sein Name? Aber die Engel wussten nichts zu sagen. Da ließ der Herr die Tiere an dem Menschen vorüberziehen und fragte ihn nach dem Namen eines jeden. Da sagte der Mensch: Dies ist der Ochse, dies das Pferd, dies der Esel, dies das Kamel, dies der Adler, dies der Löwe, und er fuhr fort und nannte alle Tiere bei ihren Namen. Und du selbst, fragte ihn der Herr, wie heißest du mit deinem Namen? Da erwiderte der Mensch: Mir würde es geziemen, Adam zu heißen, denn von der Erde bin ich genommen. Und Gott fuhr fort und fragte weiter: Und ich, wie sollte ich mit meinem Namen heißen? Da erwiderte Adam und sprach: Dir gebührt es, HERR zu heißen, denn du bist der Herr aller Geschöpfe.»

Dieser Darstellung folgt ein weiterer wichtiger Aspekt:

«Der Herr verlieh Adam – so lesen wir – eine Übermacht, die ewig währen sollte, und wies ihm einen Raum zu, der inwendiger war als der, in dem die Engel saßen. Als aber Adam den Willen des Herrn gebrochen hatte und dem Willen der Schlange gefolgt war, veränderte der Herr sein Antlitz und ließ ihn fahren. Nachdem er ihn jedoch fortgeschickt hatte, klagte der Herr und sprach: War doch der Mensch wie unsereiner, wie ein Einziger in der Welt!»[2]

Es ist eine besondere Fähigkeit seines Bewusstseins, die Adam nicht nur die Namen der Welt und ihrer Geschöpfe finden lässt, er vermag auch Namen und Wesen der Gottheit zu benennen. Das ist ihm möglich aus einer «inwendigeren Welt» heraus, als sie die Engel bewohnen. Aus diesem Bewusstseinsbezirk heraus erschließt sich ihm die Welt und führt zum Erkennen.

Doch hängt der Gewinn mit einem gleichzeitigen Verlust, verursacht durch die Schlange, zusammen. Das Erkennen geht einher mit dem Verlust des Antlitzes Gottes. Adam entfernt sich dem Herrn.

Die Klage Gottes über das Geschehene zeigt, dass die eingetretene Trennung nicht anteilnahmslos geschieht.

Die Genesis berichtet, dass mit Jakob ein Nachkomme Adams auftritt, der den verloren gegangenen Zusammenhang wiederherstellt. Martin Buber und Franz Rosenzweig übersetzten das Geschehen auf folgende Weise:

«Jaakob zog aus von Berscheba und ging auf Charan zu und geriet an jenen Ort. Er musste dort nächtigen, denn die Sonne war eingegangen. Er nahm einen von den Steinen des Orts und richtete ihn für sein Haupt und legte sich hin am selben Ort. Und ihm träumte: Da, eine Leiter gestellt auf die Erde, ihr Haupt an den Himmel rührend, und da, Boten Gottes steigen auf, schreiten nieder an ihr. Und da stand ER über ihm und sprach: ICH bin's, der Gott deines Vaters Abraham und der Gott Jizchaks. Das Erdland, auf dem du liegst, dir gebe ich es und deinem Samen. Dein Same wird sein wie der Staub der Erde. Ausbrechen wirst du westwärts, ostwärts, nordwärts, südwärts. Segnen werden sich mit dir alle Sippen des Bodens und mit deinem Samen. Ich da bin bei dir, ich will dich hüten, wo all hin du gehst, und will dich heimkehren lassen zu diesem Boden, ja, ich verlasse dich nicht, bis dass ich tat, was zu dir ich geredet habe. Jaakob erwachte aus seinem Schlaf und sprach: So denn, ER west an diesem Ort, und ich, ich wusste es nicht! Er erschauerte und sprach: Wie schauerlich ist dieser Ort! dies ist kein andres als ein Haus Gottes, und dies ist das Tor des Himmels.»[3]

Es wäre zu eng gedacht, wenn Jakob hier nicht als Vertreter der Menschheit, als ein auf der Erde sich Beheimatender, Irdisches und Geistiges Verbindender aufgefasst würde.

Ein zweites Traumgeschehen fügt einen wichtigen Aspekt hinzu:

«Jaakob blieb allein zurück. – Ein Mann rang mit ihm, bis das Morgengrauen aufzog. Als er sah, dass er ihn nicht übermochte, rührte er an seine Hüftpfanne, und Jaakobs Hüftpfanne verrenkte sich, wie er mit ihm rang. Dann sprach er: Entlasse mich, denn das Morgengrauen ist aufgezogen. Er aber sprach: Ich entlasse dich nicht, du habest mich denn gesegnet. Da sprach er zu ihm: Was ist dein Name? Und er sprach: Jaakob. Da sprach er: Nicht Jaakob werde fürder dein Name gesprochen, sondern Israel, Fechter Gottes, denn du fichtst mit Gottheit und mit Menschheit und übermagst. Da fragte Jaakob, er sprach: Vermelde doch deinen Namen! Er aber sprach: Warum denn fragst du nach meinem Namen! Und er segnete ihn dort. Jaakob rief den Namen des Ortes: Pniel, Gottesantlitz, denn: Ich habe Gott gesehn, Antlitz zu Antlitz, und meine Seele ist errettet. Die Sonne strahlte ihm auf, als er an Pniel vorüber war, er aber hinkte an seiner Hüfte.»[4]

Wiederum wird dieses Ereignis in den *Sagen der Juden* in zwei Erzählungen dargestellt. Dabei ist auffallend, dass die Antinomie von spirituellem Sieg und leiblicher Beschädigung zugunsten des Sieges aufgehoben wird. Jakob erinnert damit an das spätere Schicksal des Paulus, der von einem Stachel sprach, der ihn im Leib hindere und dennoch alle Widerstände überwand.

Jakob erklimmt die höchste Stufe

«Wisse, dass der Herr unserem Vater Jakob im Sehertraume gezeigt hat, dass alles, was auf Erden geschieht, durch die Hand der Engel vor sich geht, selbst das Beugen eines Fingers; und alles geschieht auf den Befehl des Höchsten, denn die Engel tun weder Großes noch Kleines, ehe sie nicht vor dem Herrn gestanden haben. Sie werden vom obersten Gerichtshof ausgesandt, sie steigen auf und steigen nieder. Aber der Herr zeigte Jakob, dass über der Leiter er selbst steht, und gab ihm das große Versprechen, dass er, Jakob, den Engeln und den obersten Fürsten nicht unterstehen, sondern immer Gottes eigener Teil bleiben werde. Also nimmt Jakob eine höhere Stufe ein als die übrigen Gerechten, von denen es heißt: Seine Engel befehlen ihnen.

Jakob sprach: Das ist das Haus Gottes und hier ist die Pforte des Himmels. In dem Augenblick, da er dies begriff, erklomm er eine Höhe, die Abraham und Isaak nicht erreicht hatten, denn sie waren nur bis zu Gottes Schultern gekommen, bis unter des Ewigen Arme.

Wahrlich, unser Vater Jakob war der Auserwählte von den Vätern wegen der Vollkommenheit seiner Seele und weil er dem obersten Bilde ähnlich war und seine Schönheit an Adam gemahnte.»[5]

Marc Chagall hat das Motiv «Jakob und die Himmelsleiter»

Marc Chagall, Jacob's Ladder: Jakobs Traum als innere Erleuchtung

in zahlreichen Darstellungen ausgeführt. Es hat ihn nicht nur in der Verarbeitung seiner Biografie begleitet, sondern zu einer Identifizierung mit dieser Gestalt geführt.

Es ist Beispiel einer menschheitlichen Auffassung der Überlieferung, an die Chagall zwar anknüpfte, sie aber als individuelle Erfahrung identifizierte.

Das allgemeine Entwicklungsgesetz

In der *Geheimwissenschaft im Umriss* formuliert Rudolf Steiner mit folgenden Worten ein «allgemeines Entwicklungsgesetz»: «Darauf beruht ja alle Entwickelung, dass erst aus dem Leben der Umgebung selbstständige Wesenheit sich absondert; dann in dem abgesonderten Wesen sich die Umgebung wie durch Spiegelung einprägt und dann dies abgesonderte Wesen sich selbstständig weiter entwickelt.»[6]

Dieses Gesetz stellt Steiner als Ordnung einer planetarischen Entwicklungsfolge dar, die zur gegenwärtigen Erscheinungsform der Erde geführt hat. Sie nahm ihren Anfang mit einem «alter Saturn» genannten Ursprungszustand, der sich geistig als Wärmeraum zeigt und durch eine Reihe von als «alte Sonne» und «alter Mond» bezeichneten Verdichtungsstufen zur heutigen Erde entwickelt hat.

Der Zumutung, die eine solche Darstellung für eine materialistische Wissenschaftsrichtung darstellt, war sich Steiner bewusst: «Naheliegend ist [...] der Einwand: Wie kann gesunde Urteilskraft sich einlassen auf die Annahme so unermesslich weit zurückliegender Weltzustände, wie diejenigen sind, von denen hier gesprochen wird?»[7]

Er räumt ein, dass die Darstellung früherer Entwicklungszustände keinen Wert hätte, wenn sie sich nicht im Leben der Gegenwart nachweisen ließen. Denn «für denjenigen, der verständnisvoll auf das gegenwärtige verborgene Geistige in dem offenbaren Sinnenfälligen hinzublicken vermag, [kann] auch die Einsicht in die, wenn auch noch so entfernten früheren Entwickelungszustände nichts Unmögliches darstellen. Nur wer für die Gegenwart dieses verborgene Geistige nicht anerkennt, für den verliert das Reden über eine solche Entwickelung, wie sie hier gemeint ist, allen Sinn. Wer es anerkennt, für den ist im Anblick des gegenwärtigen Zustandes der frühere ebenso gegeben wie im Anblick des fünfzigjährigen Menschen der des einjährigen Kindes. Ja, kann man sagen, aber man hat mit Bezug auf das Letztere neben fünfzigjährigen Menschen einjährige Kinder und alle möglichen Zwischenstufen vor sich. Das ist richtig; aber richtig ist es auch für die hier gemeinte Entwickelung des Geistigen. Wer auf diesem Felde zu einem sinngemäßen Urteil kommt, der sieht auch ein, dass in der vollständigen Beobachtung des Gegenwärtigen, die das Geistige mitumschließt, wirklich neben den Stufen des Daseins, die bis zur Entwickelungsvollkommenheit der Gegenwart fortgeschritten sind, auch die Entwickelungszustände der Vergangenheit erhalten geblieben sind, wie neben den fünfzigjährigen Menschen einjährige Kinder vorhanden sind. Man kann innerhalb des Erdengeschehens der Gegenwart das Urgeschehen schauen, wenn man nur die sich unterscheidenden aufeinanderfolgenden Entwickelungszustände auseinanderzuhalten vermag.»[8]

Die Aufgabe ist also, das Frühere im Späteren und das Spätere als eine Folge des Früheren zu erkennen. Dazu aber bedarf es einer sorgfältigen und aufgeschlossenen Beobachtung der Entwicklung des Kindes.

Der Sinn von Pädagogik ist, den Zusammenhang von Ursachen und Wirkungen im Lebenslauf zu erkennen und sinnvoll zu begleiten, Schädigungen zu vermeiden und Förderungen bewusst zu ermöglichen.

Das eingangs erwähnte Entwicklungsgesetz nimmt für sich in Anspruch, allgemeingültig zu sein. Insofern muss es auf alle

Entwicklungssituationen anwendbar sein. Das Gesetz nennt eine bestimmte Stufenfolge. Ist sie tatsächlich allgemeingültig, muss sie in der Entwicklung eines Menschen nachweisbar sein.

Die in dem Gesetz genannten Entwicklungsschritte sind:

«dass erst aus dem Leben der Umgebung selbstständige Wesenheit sich absondert»,

«dann in dem abgesonderten Wesen sich die Umgebung wie durch Spiegelung einprägt»,

«dann dies abgesonderte Wesen sich selbstständig weiter entwickelt».

Der erste Schritt kann als Zeugungsvorgang identifiziert werden. Situation und Umstände bedürfen dabei jeweils genauer Erfassung. Einer Empfängnis gehen Aufmerksamkeit, Zuneigung, Öffnung und Bereitschaft voraus, Stadien einer sich steigernden Aktivität, eines Wärme- und Willensvorgangs. Er entspricht dem Saturnstadium.

Der zweite Schritt vollzieht sich in der kindlichen Entwicklung als Nachahmung und Nachfolge. Diese Schrittfolge ist zugleich Ausdruck zunehmender Bewusstheit. Was sich zunächst mehr unbewusst durch Nachbildung abspiegelt, wird allmählich zu einer selbstbestimmteren Nachfolge von Vorbildern und Regeln, bei der anerkannte Autorität eine wichtige Rolle spielt. Autorität wird häufig als negativer Einfluss kritisiert. Im positiven Fall beruht sie auf freiwilliger Anerkennung der Kompetenz einer Leitung, welche die Eigenentwicklung fördert. Das entspricht dem alten Sonnenzustand, der von Steiner auch als «schenkende Tugend» bezeichnet wurde.

Der dritte Schritt ist von Abnabelung, Selbstbewusstheit und Selbstidentifikation bestimmt. Durch ihn wird die Absonderung des selbstständig werdenden Neuen ermöglicht. Ins-Wasser-geworfen-Werden und Schwimmen sind sich gegenseitig bedingende Voraussetzungen von Selbstständigkeit. Sie sind Entwicklungsmerkmale des alten Mondes.

Diese Schritte vollziehen sich in Übergängen. Sie finden ihren Ausdruck in der anthroposophischen Terminologie durch die Benennung als physische Geburt, Geburt des Ätherleibes, Geburt des Astralleibes und als Ich-Geburt, die das Erdenleben prägt.

Geburt weist immer auf etwas Sichtbar-Werdendes hin. Wie sich der physische Leib vorgeburtlich im Embryonal- und Fetalstadium ausbildet und mit der Geburt emanzipiert, folgt nach den ersten Lebensjahren die Emanzipation des Ätherleibes, die mit der Ausbildung des semantischen Gedächtnisses, den bleibenden Gewohnheiten und Neigungen, der Temperamentsfixierung, Gewissensschärfung und Charakterbildung zusammenhängt. Der zweite Gestaltwandel mit seinen physiologischen und seelischen Veränderungen markiert die Verselbstständigung des Astralleibes. Das Mündigwerden des Herangewachsenen ist schließlich Ausdruck der Ichgeburt, die den Ausgangspunkt zur Ausbildung der verschiedenen Ich-Ebenen bildet, die «niederes», «höheres» und «wahres Ich» genannt werden können. Sie unterscheiden sich in Selbstbezug, Sozialfähigkeit und Souveränität.

Ein anderes Erfahrungsfeld des allgemeinen Entwicklungsgesetzes lässt sich im Verlauf eines Impulses von der Idee zur Verwirklichung beobachten.

Der Moment eines Einfalles, einer Ideenbildung oder «Initialzündung» ist stets von einem Erlebnis von Licht und Wärme, einem Saturnelement, begleitet. Meistens wird es als Helligkeit im Bewusstseinsbereich und als Wärme «ums Herz» beschrieben.

Ihr folgt der Schwung der Begeisterung, der das Atmen

befreit und Luft unter die Flügel bringt. Im Element der alten Sonne drängt das Initium zur Verwirklichung.

Als Nächstes muss das Vorhaben auf die bestehenden Verhältnisse ausgerichtet werden. Das erfordert Fantasie, Beweglichkeit und Anpassungsfähigkeit, ein fluides, elastisches Verhalten.

Zuletzt bleibt der Schritt der Vollendung. Die Idee wird ausgeführt, Wirklichkeit gestaltet. Das Ergebnis steht fest, es schafft Tatsachen, die felsenfest sind.

In der Ansprache am Vorabend des Lehrerkurses zur Vorbereitung der Waldorfschulgründung nennt Steiner vier Bedingungen für deren Gelingen:
- sicheres Wissen um die eigenen Ideale,
- Schmiegsamkeit, die Ideale Widerständen einzupassen,
- rückhaltloser Einsatz der eigenen Persönlichkeit und
- gemeinschaftsstiftende Zusammenarbeit.[9]

Auch in diese Vierheit ist das Geheimnis des allgemeinen Entwicklungsgesetzes eingeschrieben.

Ein viertes Beispiel kann im Urgesetz der Werbung gefunden werden. Dieses Gesetz heißt «AIDA». Es nennt die strategischen Schritte von

A ttraction	–	**A** ufmerksamkeit
I nterest	–	**I** nteresse
D esire	–	**D** ürsten
A ction	–	**A** ktion,

um potenzielle Kunden zum Erwerb einer Ware zu bewegen.

Immer liegt dem Weg der Entwicklung ein Gang geistiger Verdichtung von Wärme zu Luftartigem, Flüssigem und Festem zugrunde.

Der Ausgangspunkt bei Ovid

Einen ontologischen Weg der Evolution beschrieb Ovid in seinen *Metamorphosen*, die er um die Zeitenwende verfasste und darin etwa 250 aus Griechenland und Rom überlieferte Sagen verarbeitete. 8 n. Chr. von Kaiser Augustus ans Schwarze Meer verbannt, bat er vergeblich um günstige Aufnahme seiner «verwaisten Blätter». Weder Augustus noch Tiberius erlaubten seine Rückkehr nach Rom.

«Vor dem Meere, dem Land und dem alles deckenden Himmel
zeigte Natur in der ganzen Welt ein einziges Antlitz.
Chaos ward es benannt: eine rohe, gestaltlose Masse,
nichts als träges Gewicht und, uneins untereinander,
Keime der Dinge, zusammengehäuft in wirrem Gemenge.
Damals spendete noch ihr Licht keine Sonne dem Weltall,
ließ kein neuer Mond im Wachsen erstehn seine Hörner,
schwebte noch nicht, ringsum von Luft umflossen, die Erde,
ausgewogen im gleichen Gewicht, und hatte den langen
Rand der Länder noch nicht umreckt mit den Armen das Weltmeer.
Und, wenn Erde darin auch enthalten und Wasser und Luft, so
war doch die Erde nicht fest und war das Wasser nicht flüssig,
fehlte der Luft das Licht. Seine Form blieb keinem erhalten;
Eines stand dem Andern im Weg, denn in ein und demselben
Körper lagen das Warme und Kalte, das Trockne und Feuchte,
Weiches und Hartes im Zwist und Schwereloses mit Schwerem.»[10]

Im Urzustand der Welt ist alles enthalten. Es ist jedoch ungeformt, undifferenziert und ungestaltet. Der Weg der Entstehung der Welt in ihrer Vielfalt ist die Schöpfung, ihr Mittel die Ordnung des Ungestalteten in den Elementen.

Menschenkundliche Grundlagen einer modernen Angelologie

In der *Theosophie*, seinem ersten anthroposophischen Buch, entwickelte Rudolf Steiner bereits 1904 die Grundlagen einer allgemeinen Menschenkunde, die das gesamte spätere Werk fundieren sollten.

Der Mensch wird darin als komplexes Wesen unterschiedlicher Wirklichkeitsebenen beschrieben, welche die besondere Form seines Menschentums ermöglichen. Eine elementare Gliederung unterscheidet dabei leibliche, seelische und geistige Bereiche.

In der leiblichen Existenz des Menschen kann der physische vom ätherischen und vom astralischen Leib differenziert werden.

Mit «physisch» wird dabei jener Bereich des Leibes bezeichnet, der ein existenzielles Sein ermöglicht, ohne bereits eine bestimmte körperlich-stoffliche Ausformung zu besitzen. Das Physische ist in dieser Hinsicht noch ganz geistig zu denken. Es entspricht etwa der Idee eines Architekten für einen Hausbau vor Baubeginn, ja sogar noch vor der ersten Planungsskizze. Das Bauprojekt ist der Idee – seiner geistigen Wirklichkeitsform – nach vorhanden, aber noch vor seiner stofflich-äußeren Realisierung. Es existiert in der Ideenwelt, nicht aber im Weichbild der gebauten, urbanen Stadtlandschaft.

Der «Ätherleib», zur Verdeutlichung verschiedentlich auch «Bilde-Kräfte-Leib» genannt, ermöglicht der zunächst als Ideenentwurf vorhandenen physischen Leibbildung Wachstum, Fortpflanzung und organische Entwicklung. Er fügt der physischen Anlage die Kräfte des Lebendigen, das Leben hinzu. Dem rein physischen, d. h. geistig-physischen Gebilde fügt sich ein qualitativ vollständig Neues ein. Es ermöglicht seine Entwicklung und lebendige Gestaltbildung.

Mit dem «Astralleib» tritt der Leibbildung wiederum etwas qualitativ ganz anderes und Neues hinzu. Es bringt die Empfindungsfähigkeit, Entwicklung von Gefühlen und Denkfähigkeit. Dadurch entstehen Innenerlebnisse und Selbstbezüglichkeit als subjektives Verhältnis zur Umgebung.

In der Übersicht des soweit Dargestellten ist ein Zusammenhang dieser Wesensschichten als Aufbau erkennbar in:

Astralleib
Ätherleib
Physischer Leib

Der Astralleib als Träger und Schauplatz des seelischen Lebens zeigt eine außerordentliche Vielfalt und Differenzierung. Rudolf Steiner gliedert ihn in drei seelische Bereiche, die Empfindungsseele, Verstandes- oder Gemütsseele und Bewusstseinsseele genannt werden.

Die Empfindungsseele ermöglicht den Sprung von der physiologischen Seite der Sinneswahrnehmung zum seelisch aktiv erlebten Innengeschehen. Die Verstandes- oder Gemütsseele vertieft solche Erlebnisse, indem sie sie denkend durchdringt, Schlussfolgerungen zieht, Erkenntnisse gewinnt und zu gemütsbildenden Konsequenzen findet.

Die Bewusstseinsseele – von Rudolf Steiner auch «Seele in der Seele» genannt – sucht schließlich nach Erkenntnisgewinn, der von Gefallen und Missfallen, von als nützlich oder entbehrlich eingeschätzten Qualifizierungen absieht. Vielmehr strebt die Bewusstseinsseele nach dem Wahrhaftigen. Sie ist damit eine Seelenfähigkeit, die über eine bloße Selbstbezogenheit hinausführt und den Menschen mit dem Wahren, wahrhaft Schönen und wahrhaft Guten verbindet.

Dass dieses nicht in naturhafter Selbststverständlichkeit geschehen kann, ist evident. Ohne die individuelle Arbeit des einzelnen Menschen kann es nicht gelingen.

Damit ist auf das Ich des Menschen hingewiesen, das sich aus den engen Bindungen des Selbstbezuges lösen, dem Du – der Welt – öffnen und von den Rufen der Aufgaben in der Welt finden lassen kann. Darin zeigen sich die Möglichkeiten des Ich als Aspekte eines niederen, höheren oder wahren Ich.

Von der Art und der Tätigkeit des Ich hängt es ab, welche Verwandlungsschritte seiner konstitutionellen Voraussetzungen zu höheren geistigen Eigenschaften gelingen.

Eine wahrhaft «Selbst» gewordene Seelenverfassung schafft mittels der Kraft des Ich eine Verbindung von Bewusstseinsseele und Geistselbst. Ähnlich bewirkt die Durchdringung von Lebensprozessen, mögen sie im gesundheitlichen, pädagogischen oder ökonomischen Bereich, im Umkreis von Wissenschaft, Kunst oder Sozialem liegen, neue Eigenschaften, den Lebensgeist. Und schließlich bildet die Durchdringung der grundlegenden Existenz im physischen Bereich durch das wahre Ich den Geistesmenschen heran. Er ist eine Steigerung dessen, was heute bereits als Authentizität und echte Individualität geschätzt wird.

Denn in diesen Zügen kommen Eigenschaften des wahren Ich zum Ausdruck, die als Initiative und Verantwortung wirksam werden. Der Einsatz kommt vom Selbst, die Verantwortung entsteht aus dem Umkreis, ihre Verschmelzung hebt deren scheinbare Gegensätzlichkeit auf und lässt den wahren Menschen werden.

Darin wird das Projekt der Menschwerdung sichtbar.

	Geistesmensch	
	Lebensgeist	
	Geistselbst	
niederes, höheres, wahres	Ich	Initiative und Verantwortung
		Bewusstseinsseele
		Verstandes- oder Gemütsseele
		Empfingungsseele
	Astralleib	
	Ätherleib	
	Physischer Leib	

Mit dem physischen Leib entsteht der Keim des Menschen als	Raum
Der Ätherleib macht den Menschenkeim zum Lebewesen	Zeit
Der Astralleib verleiht dem Menschenkeim	Bewusstsein
Mit dem Ich gewinnt der Mensch	Selbstständigkeit
Mit dem Geistselbst wird der Mensch zum	Geist unter Geistern
Als Lebensgeist entwickelt der Mensch Kräfte als	Heiler
Als Geistesmensch wird der Mensch vom Geschöpf zum	Schöpfer

Bereits das erste Kapitel der *Theosophie* legt mit diesen Hinweisen die Grundlagen für ein modernes Hierarchienverständnis.

In einer Skizze des dreigliedrigen Menschen vom 12. Juni 1923 fasst Rudolf Steiner diese Hinweise künstlerisch zusammen:

Rudolf Steiner, Der dreigliedrige Mensch, Pastellzeichnung 1923

Paulus in Athen

Kaum eine andere menschliche Gestalt personifiziert den Übergang der Zeitenwende und den Zugang zu einer erneuerten Hierarchielehre so sehr wie Paulus von Tarsus.

Am Golf von Iskenderun, im nordöstlichsten Winkel des Mittelmeeres geboren, wuchs er als Sohn eines pharisäischen Zeltmachers auf, dessen Beruf er gleichfalls erlernte. Schon in seiner Jugend wurde er zu einem Thoralehrer ausgebildet und kam früh zu seinem Lehrer, dem berühmten Gamaliel I. nach Jerusalem.

Sein Geburtsort Tarsus gehörte damals zum Imperium Romanum, wodurch er das römische Bürgerrecht besaß. Tarsus selbst war ein bedeutendes Handelszentrum mit Beziehungen nach Phönizien und Ägypten.

Paulus sprach verschiedene Sprachen: Griechisch, Hebräisch, Aramäisch und vermutlich auch Lateinisch. Durch seinen Beruf als Zeltmacher war er bei seiner späteren Missionstätigkeit nicht auf Zuwendungen durch die christlichen Gemeinden angewiesen.

Als konsequenter Pharisäer verfolgte er das Ziel der Reinhaltung des überlieferten Glaubens und stellte sich insbesondere gegen die zu seiner Zeit zahlreich auftretenden falschen Messiasse, Wahrsager und «Zungenredner».

Seine Bekehrung durch das Ereignis von Damaskus machte ihn nach eigenem Zeugnis nicht nur zum Träger einer neuen Christus-Erfahrung, sondern zugleich zum Repräsentanten des Übergangs von der «Verheißung» zur «Erfüllung der Zeiten». Von Ovid zu Paulus knüpft sich ein unmittelbares Band.

Seine zweite Missionsreise führte Paulus in den Jahren von

Miniatur aus Bartholomaeus Anglicus: De proprietatibus rerum, 15. Jh. In der Bibel (AT) wird der Schöpfer durch den Propheten Jeremias zitiert: «Bin ich es nicht, der Himmel und Erde erfüllt?»

49 bis 52 von Jerusalem über Antiochia, Troas, Philippi (wo er eine erste christliche Gemeinde in Europa begründet), Thessaloniki, Athen, Korinth und Ephesus zurück nach Jerusalem.

In Athen wartete Paulus auf Silas und Thimoteus, die noch in Beröa weilten. Dadurch hatte er Zeit, sich in der Stadt umzusehen und, wie es seiner Gewohnheit entsprach, in der Synagoge sowie auf dem Marktplatz mit den Menschen Gespräche zu führen.

Die Paulusakten, eine apokryphe, dem 2. Jahrhundert angehörige, lückenhaft erhaltene Darstellung der Schicksale des

Paulus, Mosaik, Oratorium S. Andrea, Ravenna, 5. Jh.

Apostels Paulus, schildern seine Erscheinung – die Grundlage vieler physiognomisch übereinstimmender Porträts – als «einen Mann, klein von Gestalt, mit kahlem Kopf und krummen Beinen, in edler Haltung, mit zusammengewachsenen Augenbrauen, die Nase etwas vorspringend, voller Anmut; denn bald erschien er wie ein Mensch, bald hatte er eines Engels Antlitz».[11]

Die Vielzahl der Götterstatuen an den Straßen und Plätzen erschütterte ihn, und er begann, mit den Menschen über ihre Bedeutung zu sprechen. Unter den Angesprochenen befanden sich auch epikureische und stoische Philosophen, die seine Ausführungen skeptisch aufnahmen und spotteten:

«‹Was will eigentlich dieser sonderbare Vogel mit seinen aufgepickten Weisheiten? Glaubt er, er könne uns etwas beibringen?› Andere meinten: ‹Es scheint, als wolle er Propaganda für irgendwelche fremden Götter machen!› Zu diesem Schluss kamen sie, weil sie Paulus, als er das Evangelium verkündete, von

Jesus und von der Auferstehung reden hörten. Schließlich nahmen sie Paulus in ihre Mitte und führten ihn vor den Areopag, den Stadtrat von Athen. ‹Dürften wir erfahren, was das für eine neue Lehre ist, die du da vertrittst?›, sagten sie. ‹Du redest über Dinge, die uns bisher noch nie zu Ohren gekommen sind, und es würde uns interessieren, worum es dabei eigentlich geht.› (Man muss dazu wissen, dass sich sämtliche Einwohner Athens und sogar die Fremden, die sich nur vorübergehend in dieser Stadt aufhalten, ihre Zeit am liebsten damit vertreiben, stets das Allerneuste in Erfahrung zu bringen und es weiterzuerzählen.)»[12]

Paulus leistete der Aufforderung, auf dem Areopag zu sprechen, Folge und begann so in Sichtweite der Akropolis mit seiner Darlegung. Nachdem er die Athener für ihre außergewöhnliche Religiosität gelobt hatte, hob er die Existenz des «Für einen unbekannten Gott» geweihten Altars hervor. Eben diesen Gott habe er zu verkünden:

«Meine Botschaft handelt von dem Gott, der die ganze Welt mit allem, was darin ist, geschaffen hat. Er, der Herr über Himmel und Erde, wohnt nicht in Tempeln, die von Menschen erbaut wurden. Er ist auch nicht darauf angewiesen, dass wir Menschen ihm dienen. Nicht er ist von uns abhängig, sondern wir von ihm. Er ist es, der uns allen das Leben und die Luft zum Atmen gibt und uns mit allem versorgt, was wir zum Leben brauchen. Wenn wir nun aber von Gott abstammen, dürfen wir nicht meinen, die Gottheit gleiche jenen Statuen aus Gold, Silber oder Stein, die das Produkt menschlicher Erfindungskraft und Kunstfertigkeit sind. In der Vergangenheit hat Gott gnädig über die Verfehlungen hinweggesehen, die die Menschen in ihrer Unwissenheit begangen haben. Doch jetzt fordert er alle Menschen an allen Orten zur Umkehr auf.

Er hat nämlich einen Tag festgesetzt, an dem er durch einen

Raffaello Sanzio da Urbino, Paulus predigt auf dem Areopag, 1515

von ihm bestimmten Mann über die ganze Menschheit Gericht halten und über alle ein gerechtes Urteil sprechen wird. Diesen Mann hat er vor aller Welt als den künftigen Richter bestätigt, indem er ihn von den Toten auferweckt hat.

Als Paulus von der Auferstehung der Toten sprach, brach ein Teil der Zuhörer in Gelächter aus, und andere sagten: ‹Über dieses Thema wollen wir zu einem späteren Zeitpunkt mehr von dir erfahren.› Damit endete die Anhörung, und Paulus verließ die Ratsversammlung.

Doch einige Leute schlossen sich ihm an und kamen zum Glauben, so zum Beispiel Dionysios, ein Mitglied des Stadtrats, und eine Frau namens Damaris; und es gab noch andere, die zusammen mit diesen beiden an Jesus glaubten.»[13]

Dionysios Areopagita

An der historischen Identität des Dionysios bestehen heute begründete Zweifel. Nach herrschender Ansicht ist der Autor seiner Schriften ein namentlich nicht bekannter christlicher Autor des frühen 6. Jahrhunderts. Er soll als Pseudonym den Namen des Dionysios Areopagita, der im 1. Jahrhundert n. Chr. ein Schüler des Apostels Paulus und erster Bischof von Athen war, benutzt haben. In den orthodoxen Kirchen halten manche allerdings an der Identität des Autors mit diesem fest.

Demgegenüber betont Rudolf Steiner, dass die wesentlichen Grundzüge der Schriften des Pseudo-Dionysios tatsächlich auf den Paulus-Schüler Dionysios Areopagita zurückgehen, der aber seine Lehre zunächst nur mündlich an seine engsten Schüler weitergab.

«Man nennt heute in gelehrten Schriften die Werke des Dionysios gewöhnlich die des Pseudo-Dionysios. Man kann die Schriften nicht weiter zurück als bis zum 6. Jahrhundert nachweisen. Aber da sie durch Tradition überliefert wurden, ist mit Bestimmtheit anzunehmen, dass die Schriften in den ältesten Zeiten der abendländischen Welt bestanden. Im 6. Jahrhundert sind sie aber wohl erst niedergeschrieben worden.»[14]

Das Werk *Himmlische Hierarchie* beginnt Dionysios mit den Worten: «Jede gute Gabe und jedes vollkommene Geschenk kommt von oben, indem es vom Vater der Lichter herabsteigt. Aber jedes Hervortreten der vom Vater erregten Lichtausstrahlung, welche gütig verliehen zu uns dringt, führt uns auch hinwieder als eine in Eins gestaltende Kraft aufwärts und ver-

Dionysios Areopagita

einfacht uns und wendet uns wieder zur Einheit des Vaters, der vereinigt, und zu seiner vergottenden Einfachheit zurück. Denn aus ihm und zu ihm hin ist alles, wie das heilige Wort sagt.»[15]

Dabei weist Dionysios auf einen paradox erscheinenden Weg hin: «Es ist unserm Geiste gar nicht möglich, zu jener immateriellen Nachahmung und Beschauung der himmlischen Hierarchien sich zu erheben, wofern er sich nicht der ihm entsprechenden handgreiflichen Führung bedienen wollte.

Das also ist der Grund, weshalb uns die überhimmlischen

Geister in sinnlich wahrnehmbaren Bildern durch die mit heiligem Griffel in den heiligen Schriften gezeichneten Umrisse dargestellt sind, um uns so vermittels des Sinnlichen zum Geistigen emporzuführen.»

Für Dionysios benötigt der Mensch Hilfen, um sich zum Geistigen zu erheben. Diese Hilfsmittel sind zweierlei Art. Die erste bedient sich gewöhnlicher Vorstellungen und kann sich durch sie einen Zugang zum Vorhof geistiger Anschauung verschaffen.

Der Aufenthalt im Vorhof aber ist die zweite Hilfe. Durch sie bilden sich im Menschen Kräfte, die ihn auf die eigentliche Erfahrung vorbereiten. Es ist ein Weg vom Vertraut-Werden zur tatsächlichen Begegnung. Jede Bekanntschaft beginnt mit einem äußeren Kennenlernen und führt erst später zum intimeren Wissen um das Wesen des anderen. Das Untaugliche führt auf indirektem Weg zum Gesuchten.

Dieses Paradoxon tritt vor allem in den Engeldarstellungen auf:

«Das Göttliche und Himmlische wird geziemend auch durch die nicht ähnelnden Sinnbilder veranschaulicht. [...] Im Anschluss daran müssen wir dann zeigen, in welche heilige Gestalten die heiligen Beschreibungen der Schrift die himmlischen Ordnungen einkleiden und zu welcher Einfachheit man durch die (körperhaften) Gebilde erhoben werden soll, damit wir nicht auch gleich der (ungebildeten) Menge die unheilige Auffassung teilen, als wären die himmlischen und gottähnlichen Geister Wesen mit vielen Füßen und vielen Gesichtern und sie seien nach der tierischen Figur von Stieren oder nach der Raubtiergestalt von Löwen gebildet, oder sie seien nach dem Bilde der Adler mit einem Krummschnabel oder wie die (kleineren) Vögel mit einem struppigen Gefieder ausgestattet; damit wir nicht (sage ich), uns einbilden, es liefen da gewisse feurige Räder über den Himmel und es seien da Throne aus irdischem Stoff, welche der Urgottheit zum Zurücklehnen dienen, und es gäbe gewisse buntscheckige Pferde und speertragende Kriegsoberste und was sonst alles von der Schrift in heiliger Plastik durch die bunte Fülle der bedeutungsreichen Sinnbilder uns überliefert ist.»

Bis heute spukt in wirren Fantasien und Aberglauben ein Kaleidoskop von Zerr- und Wahnbildern einer geistigen Welt durch die Gemüter von Menschen, deren Vorstellungsvermögen durch naiv realistische Gottesvorstellungen und Comiczeichnungen korrumpiert ist. Ernst Haeckel mokierte sich in diesem Zusammenhang über das höher entwickelte Säugetier mit Rauschebart über den Wolken, an das seine Zeitgenossen zu glauben schienen.

Dem steht eine Bildlosigkeit gegenüber, die sich vollkommen leer machen muss.

Rudolf Steiner beleuchtet den Grund der Bilderparadoxie mit folgenden Worten: «Dieser Dionysios wird ja gewöhnlich so geschildert, als ob er zwei Wege zum Göttlichen hätte. Die hat er auch. [...] Für diesen Dionysios ist die Gottheit diejenige Wesenheit, die mit den Namen im reichlichsten Umfange versehen werden muss, die belegt werden muss mit den Prädikaten, die man als auszeichnendste Prädikate nur herausfinden kann aus allen Vollkommenheiten der Welt, die man zusammenfinden kann: Nimm all das, was dir auffällt in den Dingen der Welt an Vollkommenheit, benenne es und benenne dann damit die Gottheit, dann kommst du zu einer Vorstellung über die Gottheit. – Das ist der eine Weg, den Dionysios vorschlägt.

Der andere Weg ist, dass er sagt: Du erreichst die Gottheit nie, wenn du ihr auch nur einen einzigen Namen gibst, denn der ganze Seelenprozess, der darauf hinausgeht, Vollkommenheiten in den Dingen zu finden, der darauf hinausläuft, das Wesenhafte der Dinge zu suchen, es zusammenzufassen, um es dann in dieser Zusammenfassung der Gottheit anzuheften, das führt niemals zu dem, was man Erkennen der Gottheit nennen kann. Du musst so werden, dass du dich frei machst von alledem, was du in den Dingen erkannt hast. Du musst dein Bewusstsein vollständig reinigen von alldem, was du an den Dingen erfahren hast. Du musst nichts mehr wissen von demjenigen, was dir die Welt sagt. Du musst alle Namen, die du gewohnt bist den Dingen zu geben, vergessen und dich in einen Seelenzustand versetzen, wo du von der ganzen Welt nichts weißt. Wenn du das in deinem Seelenzustand erleben kannst, dann erlebst du den Namenlosen, der sofort verkannt wird, wenn man ihm irgendeinen Namen beilegt; dann erkennst du den Gott, den Übergott in seiner Überschönheit. Aber schon die Namen Übergott und Überschönheit würden störend sein. Sie können nur dazu dienen, dich hinzuweisen auf dasjenige, was du als Namenloses erleben musst.

Für ihn war die Gottheit ein Wesen, dem man sich nähern musste auf rationellem Wege durch Namengebung und Namenfindung. Aber geht man nur diesen einen Weg, dann verliert man den Pfad, dann verliert man sich in dasjenige, was gewissermaßen der gottentleerte Weltenraum ist. Dann gelangt man nicht zu Gott. Aber man muss ihn gehen, diesen Weg, denn ohne ihn zu gehen, kommt man auch nicht zu dem Gotte. Aber man muss noch einen anderen Weg gehen. Das ist eben der, der das Namenlose anstrebt. Geht man jeden allein, dann findet man ebenso wenig die Gottheit; aber geht man beide, so kreuzen sie sich, und man findet in dem Durchkreuzungspunkte die Gottheit. Es genügt nicht, zu streiten darüber, ob der eine

Engelhierarchien, Baptisterium San Marco Venedig. Namentlich bezeichnet sind Angeli (Engel), Arcangeli (Erzengel), Potestates (Exusiai), Virtutes (Dynameis) und Dominationes (Kyriotetes)

Weg oder der andere Weg richtig sei. Beide sind sie richtig; aber jeder Einzelne, für sich gegangen, führt zu nichts. Beide gegangen führen, wenn die Menschenseele sich im Kreuzungspunkte findet, zu dem, was angestrebt wird.»[16]

Zusammenfassend können einige Grundzüge der Hierarchienlehre des Dionysios beschrieben werden:

- Hierarchie ist ihrem Wesen nach eine heilige Stufenordnung, Wissenschaft und Wirksamkeit, welche Verähnlichung mit Gott auf dem Wege der Erleuchtung bezweckt.
- Die bildlichen Darstellungen derselben in der Heiligen Schrift erfordern geistige Auffassung, damit man sich zu ihrem einfachen, gottähnlichen Wesen erhebe und Gott preise.
- Die Hierarchien sind in drei dreiteilige Ordnungen gruppiert.

«Die erste ist diejenige, welche immerdar um Gott steht und, wie die Überlieferung sagt, ununterbrochen und, den andern voraus, unmittelbar mit ihm vereinigt ist. Denn die Offenbarung der heiligen Schriften hat überliefert, dass die heiligsten Throne, die mit vielen Augen und vielen Flügeln versehenen Rangstufen, Cherubim und Seraphim nach dem hebräischen Worte genannt, gemäß ihrer alle übertreffenden Nähe unmittelbar um Gott gestellt sind.» (Dionysios)

Diese triadische Ordnung wird als eine und eine gleichstufige und eigentlich erste Hierarchie bezeichnet. Keine andere ist Gott ähnlicher und den unmittelbaren Ausstrahlungen der Urgottheit direkt näher unterstellt als diese. Die zweite Triade ist diejenige, welche von den Gewalten, Herrschaften und Mächten gebildet wird. Die dritte Triade unter den letzten der himmlischen Hierarchien besteht aus den Engeln, Erzengeln und Fürstentümern.

Bewusstsein von den Engeln oder Engelbewusstsein

Unterschieden werden muss das Bewusstsein des Menschen von den Engeln und das Bewusstsein der Engel selbst.

Die Bezeichnungen Söhne des Zwielichts, Geister der Dämmerung, Söhne des Lebens und Boten weisen auf beide Bereiche hin. Einerseits erzählen sie von anderen Bewusstseinsarten, als sie dem Menschen eigen sind, andererseits zeugen die Namen von Kenntnissen über das Engelbewusstsein.

Damit zeigen die beiden Richtungen Eigenschaften der «beiden Theologien» des Dionysios. Sie enthalten sowohl Unverstehbares wie Verständnisleitendes.

Engel gehören der dritten Hierarchie an und stehen in der Rangordnung der geistigen Wesenheiten eine Stufe über dem Menschen. Über ihnen stehen zwei weitere Engelordnungen, welche der dritten Hierarchie angehören, die Erzengel (als Volks- oder Gruppengeister) und die Archai (Geister der Persönlichkeit). Die Engel haben ihre Menschheitsstufe, d. h. die Entwicklung des Ich bzw. des Ich-Bewusstseins, bereits auf dem alten Mond absolviert. Gegenwärtig bilden sie ihr Geistselbst aus. Im Sanskrit des alten Indiens werden sie als Dhyani bezeichnet.

Rudolf Steiner charakterisiert das Bewusstsein der Engel in *Das Hereinwirken geistiger Wesenheiten in den Menschen* auf folgende Weise:

«Wenn wir uns nun fragen: Wie ist das Bewusstsein der Engelwesenheiten? – so bekommen wir zur Antwort: Es ist in einer gewissen Beziehung ein höheres Bewusstsein, und es ist dadurch als ein höheres Bewusstsein charakterisiert, dass es nicht bis zum mineralischen Reiche hinunterreicht. Bis dahin, wo die Steine sind, die Mineralien, reicht das Engelbewusstsein nicht herunter. Dagegen sind in diesem Engelbewusstsein pflanzliche Wesenheiten, tierische Wesenheiten, menschliche Wesenheiten und das eigene Reich der Engel, das dort die gleiche Rolle spielt wie das Reich der Menschen für uns. Daher können wir sagen: Diese Engel nehmen mit ihrem Bewusstsein auch vier Reiche wahr, das Reich der Pflanzen, der Tiere, der Menschenwesen und das Reich der Engel.

Das ist das Eigentümliche der Engelwesen: Sie haben keinen physischen Leib, und aus diesem Grunde also auch keine Organe des physischen Leibes, keine Augen und Ohren und so weiter. Deshalb nehmen sie das physische Reich nicht wahr. Sie haben als ihre niederste Wesenheit ihren ätherischen Leib. Dadurch haben sie eine gewisse Verwandtschaft mit den Pflanzen. Sie können also mit ihrem Bewusstsein herabsteigen bis zu den Pflanzen; sie können Pflanzen noch wahrnehmen. Dagegen wo ein Mineral ist, nehmen sie einen Hohlraum wahr, geradeso wie wir es beschrieben haben für den Menschen während des Devachanzustandes, wo der Mensch auch den Raum, den hier auf dem physischen Plan ein Mineral ausfüllt, als einen Hohlraum wahrnehmen wird. So nehmen diese Engel überall da, wo hier physisches Reich ist, einen Hohlraum wahr. Dagegen ragt ihr Bewusstsein da hinauf, wo des Menschen Bewusstsein heute noch nicht hinaufragt.»[17]

In der Schrift *Die geistige Führung des Menschen und der Menschheit* wird diese Darstellung von einer anderen – zunächst kurios anmutenden – Seite ergänzt:

«Die alten Ägypter erinnerten sich also noch an einen solchen Zustand, wo die führenden Persönlichkeiten sich lebendig bewusst waren ihres Zusammenhanges mit dem, was man Götter, Engel oder dhyanische Wesenheiten nennt. [...]

Sie konnten nur in einem ätherischen Leibe den hellsehenden Menschen erscheinen. So erschienen sie auch, stiegen also aus den geistigen Welten auf die Erde herunter und regierten selbst noch in den nachatlantischen Zeiten auf der Erde.

Diese Wesenheiten hatten die merkwürdige Eigenschaft – und haben sie auch heute noch –, dass sie nicht zu denken brauchen; man konnte auch sagen, dass sie gar nicht denken können, wie der Mensch denkt. Wie denkt denn der Mensch? Mehr oder weniger so, dass er von einem gewissen Punkte ausgeht und sich sagt: Ich habe das oder jenes begriffen; und von diesem Punkte aus versucht er nun, verschiedenes andere zu verstehen. Wenn das nicht der Weg des menschlichen Denkens wäre, so wäre der Schulweg für manches nicht so schwierig. Man kann nicht von einem Tage auf den andern Mathematik lernen, weil man an einem Punkte anfangen und langsam vorschreiten muss. Das dauert lange. Man kann nicht mit einem Blick eine ganze Gedankenwelt überschauen; denn das menschliche Denken verläuft in der Zeit. Es ist ein Gedankenbau nicht mit einem Schlage in der Seele gegenwärtig. Man muss suchen, muss sich anstrengen, um den Fortgang der Gedanken zu finden. Diese Eigentümlichkeit des Menschen haben die gekennzeichneten Wesenheiten nicht; sondern es tritt ein weiter Gedankenbau in ihnen mit derselben Geschwindigkeit auf, mit der etwa ein Tier sich klar ist, wenn es etwas für seinen Instinkt Essbares vor sich hat, dass es darnach schnappen will. Instinkt und nachdenkerisches Bewusstsein zeigen in Bezug auf diese Wesenheiten keinen Unterschied, sie sind ein und dasselbe. So wie die Tiere Instinkt haben auf ihren Stufen, in ihrem Reiche, so haben diese dhyanischen Wesenheiten oder Angeloi unmittelbares geistiges Denken, unmittelbares geistiges Vorstellen. Durch dieses instinktive Vorstellungs-Innenleben sind sie wesentlich anders geartet als die Menschen.»[18]

Im Volksgedächtnis hat sich noch lange das Wissen von den «Schutzengeln» als dem individuellen Menschen zugeordnete Schutzgeister erhalten, die ihn in Gefahrensituationen beschützen.

Engeldarstellungen, die mit den von Rudolf Steiner erwähnten Berichten aus dem alten Ägypten korrespondieren, als die Götter noch unter den Menschen wohnten, zeigen die assyrischen Steinreliefs vom Palast Sargon II. aus dem 8. vorchristlichen Jahrhundert.

In der Bibel wird dieser Herrscher vom Propheten Jesaja erwähnt als «Sargon, der König von Assur».[19]

Seinen schmählichen Tod besingt das von Jesaja überlieferte Spottlied: «Der HERR hat den Stab der Frevler zerbrochen, den Stock der Herrschenden, der Völker schlug im Grimm – mit Schlägen ohne Unterlass, der Nationen in seinem Zorn zertrat – mit schonungsloser Verfolgung. Die ganze Erde ist zur Ruhe gekommen, sie wurde still. Sie brachen in Jubel aus. Auch die Zypressen, die Zedern des Libanon freuten sich über dich: Seitdem du daliegst, kommt keiner mehr herauf, um uns zu fällen. Das Totenreich drunten bebte dir und deiner Ankunft entgegen. Deinetwegen weckte es die Totengeister auf, alle Anführer der Erde; von ihren Thronen ließ es aufstehen alle Könige der Nationen. Sie alle antworten und sagen zu dir: Auch du bist kraftlos geworden wie wir, uns bist du gleich geworden. Hinabgestürzt zur Unterwelt ist dein Hochmut, der Klang deiner Harfen. Unter dir sind Maden ausgebreitet und Würmer sind deine Decke. Wie bist du vom Himmel gefallen,

Marduk, Schutzgottheit Babylons, Louvre, Paris

Strahlender, du Sohn der Morgenröte. Wie bist du zu Boden geschmettert, du Bezwinger der Nationen.»[20]

Die Schmähung Jesajas fällt in die Zeit des Überganges vom Polytheismus zum Monotheismus. Die von Sargon beanspruchte Gottähnlichkeit kommt zu Fall, da das Göttliche fortan im Inneren des Menschen sprechen und vernehmlich werden soll. Insofern wird heute jeder, der aufmerksam in seiner Lebensgeschichte sucht, die Begegnung mit seinem Engel finden.

In den Märchen der Gebrüder Grimm finden sich Zeugnisse solcher Erfahrungen. Sie stammen gleichsam aus einer Übergangszeit. Das Märchen von *Schneeweißchen und Rosenrot* erzählt davon.

«Eine arme Witwe, die lebte einsam in einem Hüttchen, und vor dem Hüttchen war ein Garten, darin standen zwei Rosenbäumchen, davon trug das eine weiße, das andere rote Rosen; und sie hatte zwei Kinder, die glichen den beiden Rosenbäumchen, und das eine hieß Schneeweißchen, das andere Rosenrot. Sie waren aber so fromm und gut, so arbeitsam und unverdrossen, als je zwei Kinder auf der Welt gewesen sind: Schneeweißchen war nur stiller und sanfter als Rosenrot. Rosenrot sprang lieber in den Wiesen und Feldern umher, suchte Blumen und fing Sommervögel; Schneeweißchen aber saß daheim bei der Mutter, half ihr im Hauswesen oder las ihr vor, wenn nichts zu tun war. Die beiden Kinder hatten einander so lieb, dass sie sich immer an den Händen fassten, sooft sie zusammen ausgingen; und wenn Schneeweißchen sagte: ‹Wir wollen uns nicht verlassen›, so antwortete Rosenrot: ‹Solange wir leben, nicht›, und die Mutter setzte hinzu: ‹Was das eine hat, soll's mit dem andern teilen.›

Oft liefen sie im Walde allein umher und sammelten rote Beeren, aber kein Tier tat ihnen etwas zuleid, sondern sie ka-

Marduk, Halbrelief

men vertraulich herbei: Das Häschen fraß ein Kohlblatt aus ihren Händen, das Reh graste an ihrer Seite, der Hirsch sprang ganz lustig vorbei, und die Vögel blieben auf den Ästen sitzen und sangen, was sie nur wussten. Kein Unfall traf sie – wenn sie sich im Walde verspätet hatten und die Nacht sie überfiel, so legten sie sich nebeneinander auf das Moos und schliefen, bis der Morgen kam, und die Mutter wusste das und hatte ihretwegen keine Sorge. Einmal, als sie im Walde übernachtet hatten und das Morgenrot sie aufweckte, da sahen sie ein schönes Kind in einem weißen, glänzenden Kleidchen neben ihrem Lager sitzen. Es stand auf und blickte sie ganz freundlich an, sprach aber nichts und ging in den Wald hinein. Und als sie sich umsahen, so hatten sie ganz nahe bei einem Abgrunde geschlafen und wären gewiss hineingefallen, wenn sie in der Dunkelheit noch ein paar Schritte weitergegangen wären. Die Mutter aber sagte ihnen, das müsste der Engel gewesen sein, der gute Kinder bewache.»

Solche Behütungen ereignen sich im Leben ganz real. Sie erscheinen dann nicht als schöne Bilder, sondern als wirkliche Ereignisse.

Ein Junge von etwa zehn Jahren fuhr an einem heißen Sommertag mit seinem Fahrrad zu einem nahen Badeteich. Der ältere Bruder war mit seinem Freund vorausgeeilt, denn als Ältere hatten sie eigene Angelegenheiten zu besorgen.

Als der Jüngere am Teich ankam, sah er die beiden Freunde bereits am entfernten Ufer in ein lebhaftes Gespräch vertieft.

Warum sollte er da stören?

Also stellte er sein Fahrrad ab, zog die Badehose an und sprang ins Wasser. Das tat er wohlüberlegt, denn er konnte nicht schwimmen.

Allerdings war er übermütig und liebte Kopfsprünge. Also tastete er sich am Ufer entlang in Richtung des tiefer werdenden Teiches, um sich ohne unliebsame Grundberührung, dafür aber mit Anlauf ins Wasser stürzen zu können.

Das geschah zu seiner größten Befriedigung, und immer weiter tastete er sich ins Tiefe voran. Zuletzt hatte er eine ihm vollkommen dünkende Position erreicht. Um sie ganz und gar auskosten zu können, nahm er einen gehörigen Anlauf, rannte zum Ufer und flog mit ausgestreckten Armen dem Wasser entgegen. Um den Schwung voll auszukosten, glitt er so lange wie möglich in den Fluten dahin. Endlich stellte er sich auf und ein gehöriger Schrecken durchfuhr seine Glieder: Seine Füße ertasteten keinen Grund. Der Boden des Teiches wölbte sich zur Mitte hin, das Wasser wurde tiefer. Die Wellen schlugen über ihm zusammen. Als er in die Höhe blickte, sah er sich in einer dunklen Glocke, die nach oben hin von Licht erhellt, aber viel zu weit entfernt war, um es erreichen zu können.

Die Freunde hatten ihn nicht bemerkt. Keiner hatte sein Spiel verfolgt. Niemand würde ihm zu Hilfe kommen. So war es also, zu ertrinken.

Verzweifelt suchte er eine Lösung. Und tatsächlich durchzuckte ihn ein Gedanke: Du kannst dich auf den Grund absinken lassen und dann mit den Füßen abstoßen. Mit dem Schwung versuchst du, die Oberfläche zu erreichen, holst Atem und lässt dich wieder herabsinken. Dann machst du unter Wasser einen Schritt in Richtung des Ufers und stößt dich wieder ab nach oben. So kannst du gerettet werden.

Das Manöver gelang tatsächlich. Als er zurück am Ufer war, machte er sich auf zu den Freunden. Sie hatten nichts bemerkt und wünschten auch, nicht gestört zu werden. Das Erlebte blieb das Geheimnis des Jungen.

Später wurde ihm klar, dass der rettende Gedanke wie ein Blitz in ihn gefahren war und dass er die Situation wie in einem Überblick erfasst hatte. Umschließende Macht des Wassers, Schwerkraft, Auftrieb und das Gleiten auf einer schiefen Ebene hatten in einem einzigen Augenblick die Lösung der Situation ermöglicht.

«Es ist ein Gedankenbau nicht mit einem Schlage in der Seele gegenwärtig. […] Ein weiter Gedankenbau [trat] mit derselben Geschwindigkeit auf, mit der etwa ein Tier sich klar ist, wenn es etwas für seinen Instinkt Essbares vor sich hat, dass es darnach schnappen will. Instinkt und nachdenkerisches Bewusstsein zeigen keinen Unterschied, sie sind ein und dasselbe. So wie die Tiere Instinkt haben auf ihren Stufen, in ihrem Reiche, so haben diese dhyanischen Wesenheiten oder Angeloi unmittelbares geistiges Denken, unmittelbares geistiges Vorstellen.»[21]

Das ging dem Jungen erst viele Jahre später auf. Ihm blieb zunächst nur dieses eigenartige Erlebnis. Da lernte er auch, dass das Einatmen von Flüssigkeiten zu einem dauernden Stimmritzenkrampf kommen und zum Tod der Person führen kann, er also nicht viel Zeit gehabt hatte.

In einer anderen Situation machten zwei Studenten eine längere Reise per Autostopp. Nach einer ersten Etappe fanden sie mehrere Stunden lang keine Anschlussverbindung. Der Verkehr war schwach. Immer weniger Autos passierten den Ort des Wartens.

Schließlich entschlossen sich die beiden, die Fahrer von Lastkraftwagen anzusprechen. Ein Fahrer machte einen mürrischen Eindruck. Er gab nicht zu erkennen, wohin er fuhr, wollte von den jungen Leuten aber deren Ziel wissen. Er ließ es im Ungewissen, ob er sie mitnehmen wolle. An dem bestimmten Rastplatz verbreitete er eine gespannte Stimmung, in die er auch andere Fahrer hineinzog.

Die Studenten hatten ein ungutes Gefühl. Es lag etwas Lauerndes im Verhalten dieses Mannes, der zuletzt anbot, sie in die gewünschte Richtung mitzunehmen. Darum zogen sich die beiden zurück an einen unbeobachteten Ort. Sie wollten die Abreise des Menschen abwarten und dann erneut ein Fortkommen versuchen.

Wie überrascht waren sie aber, als das besagte Fahrzeug nach

Engel – mittelalterliche Miniatur in der Wiener Nationalbibliothek

einer kurzen Weile an ihnen vorbeizog in eine ganz andere als die angegebene Richtung. Sie waren froh, auf ihr unbestimmtes Gefühl gehört zu haben.

Gabriel gehört neben Michael und Raphael zu den viel besungenen und porträtierten Erzengeln der Christenheit, man kennt ihn hervorgehoben auf goldenem Grund. Dieser Bote Gottes verkündet der Jungfrau Maria, sie werde den Sohn Got-

Engel – mittelalterliche Miniatur in der Wiener Nationalbibliothek

tes gebären. Weniger bekannt ist hierzulande, dass er auch im Islam als Vermittler beschäftigt war: Ǧibrīl brachte Mohammed das erste Offenbarungserlebnis des Koran. Hadīǧa, die Frau des Propheten, erzählte davon einem christlichen Vetter. Der erklärte ihr darauf, es handle sich um den gleichen «großen Vertrauten», der einst Moses erschienen war. Wie mächtig sich die monotheistischen Religionen solch hohe Wesen vorstellten, erkennt man in einer weiteren Geschichte aus dem Koran: Mohammed wollte gegen den Widerstand Gabriels dessen wahre

Gestalt sehen. Der erschien in paradiesischer Form, da fiel der Prophet überwältigt in Ohnmacht. In Gestalt eines schönen Manns überbrachte ihm der Erzengel Allahs Offenbarungen in «klarer arabischer Sprache», wie es in drei Suren steht.

Dieselbe Handschrift zeigt auf einem anderen Bild einen Engel maurischer Prägung und weist damit auf den individuellen, pangenetischen und überkonfessionellen Wirkensbereich der Engel hin.

Mensch und Engel

Oben wurde bereits auf den Beginn des Menschenkunde-Kurses von 1919 hingewiesen. Damals hatte Rudolf Steiner die ersten Waldorflehrer auf die Nähe der Engel aufmerksam gemacht. Mit einer Erzählung von ihrem Wirken verdeutlichte er die Bedeutung ihrer Tätigkeit für den Lehrerberuf.

Herbert Hahn, einer der ersten Lehrer, gab Steiners Worte viele Jahre später auf folgende Weise wieder:

«Hinter jedem einzelnen Mitglied des werdenden Lehrerkollegiums sehen wir den *Engel* stehen. Er legt beide Hände auf das Haupt des seiner Hut vertrauten Erdenmenschen. Und in dieser Haltung und mit dieser Gebärde lässt er *Kraft* hinüberströmen. Es ist die Kraft, welche das zu vollbringende Werk mit den nötigen Imaginationen begabt. Schöpferisch imaginierend, Imaginationen kraftvoll weckend, steht so hinter dem Einzelnen der Engel.»[22]

In diesem Augenblick war der Hinweis auf die Tätigkeit der Engel im pädagogischen Zusammenhang gegeben. Ein Jahr zuvor, am 9. Oktober 1918 in Zürich, hatte Steiner in einem Vortrag mit allgemein-menschlicher Perspektive über das Thema «Was tut der Engel in unserem Astralleib?» gesprochen. Darin gab er weitreichende Hinweise über die Art und Inhalte ihres Wirkens.

Durch die Aufforderung, wach zu werden für die «Zeichen der Zeit»[23], leitete er die besondere Aufmerksamkeit ein, mit der auf die Einwirkung der Engel in das menschliche Leben geachtet werden muss.

Dabei ist die Konstitution des gegenwärtigen Menschen zu berücksichtigen, denn die unterscheidet sich im Zeitalter der Bewusstseinsseelenentwicklung gravierend von der Beschaffenheit vergangener Entwicklungsperioden.

Die planetarische Entwicklungsfolge ist geprägt durch das Zusammenwirken der höheren Hierarchien am Zustandekommen des Menschen. Soll das Wissen davon nicht zu einem abstrakten intellektuellen Geplänkel werden, dann muss das Verhältnis des Menschen zu den Hierarchien aktuell und konkret untersucht werden.

Die dem Menschen am nächsten stehenden höheren Wesen sind die Angeloi (Engel) und das den Bewusstseinskräften des Ich zugänglichste Wesensglied des Menschen ist der Astralleib. Aus diesen Tatsachen ist die Frage nach der Tätigkeit der Engel im Astralleib realistisch und anspruchsvoll zugleich.

In früheren Zeiten hätte diese Frage nicht gestellt werden können, weil da die Eingebungen der alten Hellsichtigkeit eine bewusste Beobachtung über die Taten der Engel im astralischen Leib verdunkelten.

Das ist heute anders, allerdings muss eine gewisse Fähigkeit zur imaginativen Erkenntnis im Menschen vorhanden sein, um der Wirksamkeit der Engel bewusst ansichtig zu werden.

Heute kann sich dem aufmerksamen Menschen zeigen, dass die Wesen aus der Hierarchie der Angeloi Bilder im menschlichen astralischen Leibe formen – Bilder, die «nach ganz bestimmten Impulsen, nach ganz bestimmten Prinzipien geformt» sind, dass in der Art, wie diese Bilder entstehen, gewissermaßen Kräfte für die zukünftige Entwicklung der Menschheit liegen. Denn die Engel wollen solche Bilder in den menschlichen astralischen Leibern erzeugen, «welche ganz bestimmte soziale Zustände im menschlichen Zusammenleben der Zukunft herbeiführen».[24]

Diese Bilderformung enthält den Impuls zu einer richtig verstandenen Brüderlichkeit mit Bezug auf die sozialen Zustände im physischen Leben. So soll zum Beispiel kein Mensch in Zukunft Ruhe haben im Genuss von Glück, wenn andere neben ihm unglücklich sind. Wenngleich unsere Zeit einer anderen Botschaft huldigt, der Abstand zwischen den Ärmsten und Superreichen beständig wächst, so nimmt doch die allgemeine Gewissheit zu, dass auf die Dauer solche Verhältnisse zu Gewalt und Umsturz führen müssen.

Die Engel verfolgen aber noch weitere Ziele. In Bezug auf das seelische Leben des Menschen regen sie an, dass in Zukunft jeder Mensch in jedem Menschen ein verborgenes Göttliches sehen soll. «Dann wird es keinen Religionszwang geben können, dann wird es keinen Religionszwang zu geben brauchen, denn dann wird die Begegnung jedes Menschen mit jedem Menschen von vornherein eine religiöse Handlung, ein Sakrament sein, und niemand wird durch eine besondere Kirche, die äußere Einrichtungen auf dem physischen Plan hat, nötig haben, das religiöse Leben aufrechtzuerhalten. Die Kirche kann, wenn sie sich selber richtig versteht, nur die eine Absicht haben, sich unnötig zu machen auf dem physischen Plane, indem das ganze Leben zum Ausdruck des Übersinnlichen gemacht wird.»[25]

Mit dieser durch und durch pro-religiösen Mitteilung hat sich Rudolf Steiner gewiss keine Freunde unter den Vertretern eines organisierten Beamten-Christentums gemacht, denn die Wahrheit ist ein wirksames Scheidewasser, um wirkliches von scheinbarem Gold zu trennen.

Und ein Drittes liegt in den Impulsen der Engel. Sie wollen dem Denken der Menschen die Möglichkeit geben, zum Geist zu gelangen, über den Abgrund hinweg zum Erleben im Geistigen zu kommen.

«Geisteswissenschaft für den Geist, Religionsfreiheit für die Seele, Brüderlichkeit für die Leiber, das tönt wie eine Weltenmusik durch die Arbeit der Engel in den menschlichen astralischen Leibern.»[26]

Es ist eine Eigenschaft der Bewusstseinsseele, dass sie diese Impulse der Engel im Astralleib selbstständig finden möchte. Der Mensch erlebt dies als ein Zu-seinem-eigenen-wahren-Wesen-Kommen.

Würde der Mensch diese Anregungen des Astralleibes durch die Engel verschlafen, müsste das Erstrebte ohne seine freie Mitwirkung durch Einflüsse auf den bewusstseinsmäßig schlafenden Ätherleib und physischen Leib erreicht werden, da die Entwicklungsziele als Schöpfungsimpulse im Wirken der höheren Hierarchien liegen. Die Entwicklung nähme statt eines kulturell autonomen einen naturhaft zwingenden Verlauf.

Statt menschlicher Freiheit zeigten sich dann instinktive Reaktionsmuster, das Entwicklungsziel ginge verloren und die Engel selbst wären in der Folge dieses Geschehens von einer problematischen Veränderung betroffen.

Erkenntnisse im Bereich von Leben und Geburt, von Empfängnis, Konzeption und sexuellem Leben müssten unter diesen Umständen in schädlicher Weise zerstörerisch auftreten. Denn im subtilen Genuss der eigenen Existenz, im exzessiven Genuss persönlicher Lust und Selbstverwirklichung verbirgt sich der Keim zur Destruktion des sozialen Lebens als Auflehnung gegen Impulse von Brüderlichkeit. Zu gern täuscht sich eigenes Lustempfinden über das komplementäre Erleben des Mitmenschen.

Eine bloß äußerlich beschreibende Wissenschaft sähe diese Entwicklung in der Deskription als zwangsläufig an, denn sie begnügt sich damit, den Vorgang zu registrieren und als natürlich zu bezeichnen. Schließlich fasst sie ihre Aufgabe als eine wertfrei konstatierende auf, die teilnahmslos beschreiben und Tatsachen «objektiv» hinnehmen will.

Als eine andere negative Folge mangelnder Bewusstheit träte im Bereich der Medizin eine Umwertung der Begriffe von «gesund» und «krank» auf. Apparate übernähmen die Aufgabe pflegender Zuwendung, Gift die Funktion lebensverlängernder Stimulanz und Leichname dienten als «Wertstoffhof» für Wiederverwendbares.

Ein drittes Problematisches erschiene als Eindringen in den Bereich des Übersinnlichen, wo mittels Vernetzung, Schwingung und Spaltung ungeheure Kräfte zu entfesseln sind, deren Nutzung dem Egoismus des Menschen dienen und gefallen könnten, ohne dass er sich über die weiteren Folgen klar wäre.

«Eine ungeistige Lebensauffassung würde, wenn einmal kommen würde eine menschheitsschädigende Medizin, eine furchtbare Verirrung der sexuellen Instinkte, ein furchtbares Getriebe im reinen Weltmechanismus in der Verwertung der Naturkäfte durch Geisteskräfte, eine ungeistige Weltanschauung würde ja das alles nicht durchschauen, würde nicht sehen, wie sie abirrt vom wahren Pfade. [...] Hässlich würde schön und schön hässlich in gewisser Beziehung, und man würde nichts davon merken, weil man alles als eine Naturnotwendigkeit ansehen würde. Aber es würde eine Abirrung sein von demjenigen Wege, der in der Menschheit selbst der Eigenwesenheit des Menschen vorgeschrieben ist.»[27]

Am Ende dieser Betrachtung nennt Steiner eine Übung, die durch einfache Anstrengung die Wachheit im Astralleib fördern kann:

«Wir können uns angewöhnen, wachende Menschen zu sein. Wir können mancherlei beachten. Wir können gleich einmal anfangen mit der Wachsamkeit, können finden, dass eigentlich im Grunde genommen kein Tag vergeht, in dem nicht in unserem Leben ein Wunder geschieht. Wir können diesen Satz, den ich jetzt sprach, umkehren, wir können sagen: Wenn wir an irgendeinem Tag kein Wunder finden in unserem Leben, so haben wir es nur aus dem Auge verloren. – Versuchen Sie einmal, Ihr Leben am Abend zu überblicken; Sie werden ein kleines oder ein großes oder ein mittleres Ereignis darinnen finden, von dem Sie sich werden sagen können: Es ist ja ganz merkwürdig in mein Leben hereingetreten, es hat sich ganz merkwürdig vollzogen. – Sie können dies erreichen, wenn Sie nur umfassend genug denken, wenn Sie nur Zusammenhänge des Lebens umfassend genug ins seelische Auge fassen. Aber das tut man im gewöhnlichen Leben gar nicht, weil man sich gewöhnlich nicht fragt: Was ist zum Beispiel durch irgendetwas verhindert worden?

Wir kümmern uns meistens nicht um die Dinge, die verhindert worden sind, die, wenn sie eingetreten wären, unser Leben gründlich verändert hätten. Hinter diesen Dingen, die aus unserem Leben fortgeschafft werden auf irgendeine Weise, sitzt ungeheuer viel von dem, was uns zu wachsamen Menschen erzieht. Was hätte mir heute alles passieren können? – Wenn ich diese Frage mir an jedem Abend stelle und dann einzelne Ereignisse betrachte, die dies oder jenes hätten herbeiführen können, so knüpfen sich an solche Fragen Lebensbetrachtungen, die Wachsamkeit in die Selbstzucht hereinbringen. Das ist etwas, was einen Anfang machen kann und was schon von selbst immer weiter und weiter führt, endlich dazu führt, dass wir nicht nur auskundschaften, was es in unserem Leben bedeutet, dass wir zum Beispiel um halb elf Uhr vormittags einmal ausgehen wollten und dass gerade im letzten Augenblicke noch irgendein

Mensch kam, der uns aufhielt; wir sind ärgerlich, dass er uns aufhielt, aber wir fragen nicht nach, was hätte geschehen können, wenn wir wirklich zur rechten Zeit ausgegangen wären, wie wir es geplant haben.

Wir fragen nicht: Was hat sich da verändert?»[28]

In älteren Zeiten hat der Mensch durch die alte Hellsichtigkeit manches von den Engeln gewusst, was durch die moderne Bewusstseinsentwicklung, durch Technik und Rationalisierung (analytischen Verstand, Aufklärung) des Weltverhältnisses verloren gegangen ist. Die Märchen der Völker erzählen davon.

Der Engel und der Waldbruder

Einst wurde ein Eremit vom Geiste der Lästerung versucht und grübelte darüber nach, wie doch die Urteile Gottes ungerecht seien, wie die Guten in Kummer und die Schlechten in Freuden lebten. Da erschien ihm ein Engel in Menschengestalt und sprach zu ihm: «Folge mir, denn Gott schickt mich, dass du mit mir gehest und ich dir den verborgenen Sinn seiner Urteile zeige.» Und er führte ihn in das Haus eines biederen Mannes, der sie wohlwollend und gastfreundlich aufnahm und mit allem Nötigen bewirtete. Am anderen Morgen aber entwendete der Engel ihrem Gastfreunde einen Becher, welchen dieser sehr hoch schätzte. Hierüber begann der Eremit zu murren, denn er glaubte, jener sei nicht von Gott gesandt. Die nächste Nacht verbrachten sie im Hause eines Mannes, der ihnen ein schlechter Wirt war und der sie unfreundlich behandelte. Diesem gab der Engel den Becher, den er dem guten Gastgeber gestohlen hatte. Als der Eremit solches sah, wurde er noch betrübter und begann eine noch schlechtere Meinung von seinem Begleiter zu bekommen. Von dort weitergehend nächtigten sie ein drittes Mal im Hause eines guten Mannes, der sie mit großer Freude empfing und ihnen reichlich mit allem Notwendigen aufwartete. Am anderen Morgen gab er ihnen einen jungen Mann, seinen Diener, mit, dass er ihnen den Weg zeige. Diesen stürzte der Engel von einer Brücke hinab und ertränkte ihn im Wasser. Als der Eremit solches sah, wurde er traurig und ärgerlich. In der vierten Nacht nahm sie ein trefflicher Mann aufs Beste auf, brachte ihnen mit heiterer Miene reichliche Speise und ließ ihnen geeignete Lagerstätten herrichten. Aber das kleine Söhnchen des Gastwirtes, das Einzige, das er hatte, begann in der Nacht zu weinen und hinderte sie am Schlafen. Da stand der Engel nächtlicherweile auf und erwürgte den Knaben. Als der Eremit solches sah, glaubte er, sein Gefährte sei der Satan selber, und wollte sich von ihm trennen. Jetzt endlich redete der Engel und sprach: «Deshalb hat mich der Herr zu dir geschickt, dass ich dir den verborgenen Sinn seiner Urteile zeige, und damit du erfahrest, dass nichts auf der Erde ohne Grund geschieht. Jener wackere Mann, dem ich den Becher fortnahm, liebte ihn zu sehr, bewahrte ihn neidisch und dachte häufig an den Becher, wenn er an Gott hätte denken sollen. Deshalb habe ich ihn ihm zu seinem Heile genommen und jenem schlechten Wirte, der uns in seinem Hause übel aufnahm, gegeben, damit er seine Vergeltung noch in diesem Leben empfange, denn im Jenseits wird ihm kein Lohn mehr zuteilwerden. Jenen Diener aber habe ich ertränkt, weil er sich vorgenommen hatte, am folgenden Tage seinen Herrn zu töten, und so habe ich unseren guten Gastgeber vor dem Tode errettet, seinen Diener aber vor einer Mordtat, damit er, ohnehin schon ein Mörder dem Vorsatze nach, um etwas weniger in der Hölle bestraft werde. Unser vierter Gastfreund endlich tat viel Gutes, ehe er den Sohn hatte, und bewahrte alles, was er an Lebensmitteln und Kleidung erübrigte, für die Armen auf; als aber sein Knabe geboren war, zog er seine Hand von den Werken der Barmherzigkeit zurück und bestimmte alles für seinen Sohn. Ich habe ihm den Anlass zur Habsucht genommen und gleichzeitig die Seele des unschuldigen Kindes ins Paradies gebracht.» Als der Eremit solches hörte, wurde er von jeder Versuchung befreit und begann die Urteile Gottes, deren Sinn verborgen ist, mit lauter Stimme zu preisen.[29]

Der Engel

Es war einmal ein kleines Mädchen, das hatte auf der ganzen Welt niemanden außer einer bösen Stiefmutter, und das war schlechter, als wenn es gar niemanden gehabt hätte. An einem Sonntag ging sie in die Kirche, befahl aber dem Kinde, es solle, bis sie heimkomme, den großen Garten putzen. Es ging in den Garten, setzte sich nieder und weinte, denn es wusste nicht, wie es in der kurzen Zeit fertig werden sollte, und fürchtete sich vor den Schlägen. Da kam ein Engel, brachte ihm zwei Äpfel und Brot und sagte, es möge nur sitzen bleiben und essen. Nun fing der Engel fleißig an zu putzen: Bis das Kind gegessen hatte, war auch der Garten fertig, und der Engel flog fort. Als die Stiefmutter aus der Kirche kam, verwunderte sie sich. Am nächsten Tage gab sie ihm Milch und Brot zu essen, da kam der Engel wieder, verbot ihr, die Milch zu essen, denn sie war vergiftet, und brachte ihr Brot und eine Traube. Am andern Abend machte die Stiefmutter ein schönes Bett unter dem Schopfen, darunter grub sie ein tiefes Loch, damit das Mädchen, wenn es ins Bett steige, hineinfalle, denn sie wollte es umbringen und wusste nicht mehr, auf welche Weise, denn im Garten hatte es sich nicht zu Tode gearbeitet, von der vergifteten Milch war es auch nicht gestorben. Als es sich grade entkleiden sollte, kam der Engel wieder und sprach: «Komm mit mir, mein Kind, hier ist deines Bleibens nicht mehr. Ich trage dich in den Himmel, da sollst du mit den Englein spielen, und es wird dir gut gehen.» Er nahm es unter seine Flügel und flog mit ihm fort.[30]

Das Zwiebelpflänzchen

Es war einmal eine Frau, die war böse, sehr böse, und starb. Sie hinterließ nicht eine einzige Spur einer guten Tat. Sie wurde von den Teufeln ergriffen und in den Feuersee geworfen. Aber ihr Schutzengel stand da und dachte darüber nach: Könnte ich mich nur dessen erinnern, dass sie irgendetwas Gutes getan hat, sodass ich es Gott sagen könnte.

Es fiel ihm etwas ein, und er sprach zu Gott:

«Sie hat in ihrem Gemüsegarten eine kleine Zwiebelpflanze ausgerissen und sie einer kleinen Bettlerin geschenkt.»

Und Gott antwortete ihm:

«Nimm diese kleine Zwiebelpflanze und reiche ihr sie zum See hinab, die mag sie anpacken und sich daran herausziehen. Und wenn du sie aus dem See herauszuziehen vermagst, so mag sie ins Paradies eingehn, wenn aber das Zwiebelkraut reißt, so soll die Frau da bleiben, wo sie sich jetzt befindet.»

Der Engel lief zu der Frau, reichte ihr die kleine Zwiebelpflanze hin und sagte: «Da, Frau, fass an und zieh dich daran heraus.»

Und er fing an, sie vorsichtig an sich heranzuziehen, und beinahe hatte er sie herausgezogen, aber als die übrigen Sünder in dem See sahen, dass man jene herauszog, da hängten sie sich alle an sie, damit sie zugleich mit herausgezogen würden.

Die Frau aber wurde böse und begann, mit den Füßen nach ihnen zu schlagen. «Ich soll herausgezogen werden und nicht ihr, es ist mein Zwiebelpflänzchen und nicht eures.»

Sowie sie das ausgesprochen hatte, riss das Zwiebelkraut ab. Und die Frau fiel in den See zurück, und da brennt sie bis auf den heutigen Tag. Der Engel aber fing zu weinen an und ging fort.[31]

Die drei grünen Zweige

Es war einmal ein Einsiedler, der lebte in einem Walde an dem Fuße eines Berges und brachte seine Zeit in Gebet und guten Werken zu, und jeden Abend trug er noch zur Ehre Gottes ein paar Eimer Wasser den Berg hinauf. Manches Tier wurde damit getränkt und manche Pflanze damit erquickt, denn auf den Anhöhen weht beständig ein harter Wind, der die Luft und die Erde austrocknet, und die wilden Vögel, die vor den Menschen scheuen, kreisen dann hoch und suchen mit ihren scharfen Augen nach einem Trunk. Und weil der Einsiedler so fromm war, so ging ein Engel Gottes, seinen Augen sichtbar, mit ihm hinauf, zählte seine Schritte und brachte ihm, wenn die Arbeit vollendet war, sein Essen, so wie jener Prophet auf Gottes Geheiß von den Raben gespeiset ward. Als der Einsiedler in seiner Frömmigkeit schon zu einem hohen Alter gekommen war, da trug es sich zu, dass er einmal von Weitem sah, wie man einen armen Sünder zum Galgen führte. Er sprach so vor sich hin «Jetzt widerfährt diesem sein Recht». Abends, als er das Wasser den Berg hinauftrug, erschien der Engel nicht, der ihn sonst begleitete, und brachte ihm auch nicht seine Speise. Da erschrak er, prüfte sein Herz und bedachte, womit er wohl könnte gesündigt haben, weil Gott also zürne, aber er wusste es nicht. Da aß und trank er nicht, warf sich nieder auf die Erde und betete Tag und Nacht. Und als er einmal in dem Walde so recht bitterlich weinte, hörte er ein Vöglein, das sang so schön und herrlich; da ward er noch betrübter und sprach: «Wie singst du so fröhlich! Dir zürnt der Herr nicht: Ach, wenn du mir sagen könntest, womit ich ihn beleidigt habe, damit ich Buße täte und mein Herz auch wieder fröhlich würde!» Da fing das Vöglein an zu sprechen und sagte: «Du hast Unrecht getan, weil du einen armen Sünder verdammt hast, der zum Galgen geführt wurde, darum zürnt dir der Herr; er allein hält Gericht. Doch wenn du Buße tun und deine Sünde bereuen willst, so wird er dir verzeihen.» Da stand der Engel neben ihm und hatte einen trockenen Ast in der Hand und sprach: «Diesen trockenen Ast sollst du so lange tragen, bis drei grüne Zweige aus ihm hervorsprießen, aber nachts, wenn du schlafen willst, sollst du ihn unter dein Haupt legen. Dein Brot sollst du dir an den Türen erbitten und in demselben Hause nicht länger als eine Nacht verweilen. Das ist die Buße, die dir der Herr auflegt.»

Da nahm der Einsiedler das Stück Holz und ging in die Welt zurück, die er so lange nicht gesehen hatte. Er aß und trank nichts, als was man ihm an den Türen reichte; manche Bitte aber ward nicht gehört, und manche Türe blieb ihm verschlossen, also dass er oft ganze Tage lang keinen Krumen Brot bekam. Einmal war er vom Morgen bis Abend von Türe zu Türe gegangen, niemand hatte ihm etwas gegeben, niemand wollte ihn die Nacht beherbergen, da ging er hinaus in einen

Wald und fand endlich eine angebaute Höhle, und eine alte Frau saß darin. Da sprach er: «Gute Frau, behaltet mich diese Nacht in Euerm Hause.» Aber sie antwortete: «Nein, ich darf nicht, wenn ich auch wollte. Ich habe drei Söhne, die sind bös und wild, wenn sie von ihrem Raubzug heimkommen und finden Euch, so würden sie uns beide umbringen.» Da sprach der Einsiedler: «Lasst mich nur bleiben, sie werden Euch und mir nichts tun», und die Frau war mitleidig und ließ sich bewegen. Da legte sich der Mann unter die Treppe und das Stück Holz unter seinen Kopf. Wie die Alte das sah, fragte sie nach der Ursache, da erzählte er ihr, dass er es zur Buße mit sich herumtrage und nachts zu einem Kissen brauche. Er habe den Herrn beleidigt, denn als er einen armen Sünder auf dem Gang nach dem Gericht gesehen, habe er gesagt, diesem widerfahre sein Recht. Da fing die Frau an zu weinen und rief: «Ach, wenn der Herr ein einziges Wort also bestraft, wie wird es meinen Söhnen ergehen, wenn sie vor ihm im Gericht erscheinen.»

Um Mitternacht kamen die Räuber heim, lärmten und tobten. Sie zündeten ein Feuer an, und als das die Höhle erleuchtete und sie einen Mann unter der Treppe liegen sahen, gerieten sie in Zorn und schrien ihre Mutter an: «Wer ist der Mann? Haben wir's nicht verboten, irgendjemand aufzunehmen?» Da sprach die Mutter: «Lasst ihn, es ist ein armer Sünder, der seine Schuld büßt.» Die Räuber fragten: «Was hat er getan?» – «Alter», riefen sie, «erzähl uns deine Sünden.» Der Alte erhob sich und sagte ihnen, wie er mit einem einzigen Wort schon so gesündigt habe, dass Gott ihm zürne und er für diese Schuld jetzt büße. Den Räubern ward von seiner Erzählung das Herz so gewaltig gerührt, dass sie über ihr bisheriges Leben erschraken, in sich gingen und mit herzlicher Reue ihre Buße begannen. Der Einsiedler, nachdem er die drei Sünder bekehrt hatte, legte sich wieder zum Schlafe unter die Treppe. Am Morgen aber fand man ihn tot, und aus dem trocknen Holz, auf welchem sein Haupt lag, waren drei grüne Zweige hoch emporgewachsen. Also hatte ihn der Herr wieder in Gnaden zu sich aufgenommen.[32]

Die Menschwerdung verschiedener geistiger Wesenheiten

In der *Geheimwissenschaft im Umriss* entwickelt Rudolf Steiner einen Begriff des Menschseins, der eine umfassende Bedeutung aufzeigt: Menschsein heißt:

«[Auf dem alten Saturn stehen] die ‹Geister der Persönlichkeit› auf der Stufe, auf welcher der Mensch gegenwärtig steht. Sie machen da ihre Menschheitsepoche durch. Will man auf diese Tatsache mit unbefangenem Auge blicken, so muss man sich vorstellen, dass ein Wesen ‹Mensch› sein kann nicht bloß in der Gestalt, welche der Mensch gegenwärtig hat. Die ‹Geister der Persönlichkeit› sind ‹Menschen› auf dem Saturn. Sie haben als unterstes Glied nicht den physischen Leib, sondern den Astralleib mit dem Ich. Daher können sie die Erlebnisse dieses Astralleibes nicht in einem solchen physischen Leibe und Ätherleibe ausdrücken wie der gegenwärtige Mensch; aber sie *haben* nicht nur ein ‹Ich›, sondern *wissen* auch davon, weil ihnen die Wärme des Saturn dieses ‹Ich› rückstrahlend zum Bewusstsein bringt. Sie sind eben ‹Menschen› unter anderen als den Erdenverhältnissen.»[33]

In dem langen Gang der Evolution machen zuerst die Geister der Persönlichkeit ihre Menschheitsepoche durch auf dem alten Saturn, die Erzengel (Feuergeister) machen ihre Menschheitsepoche durch auf der alten Sonne und die Engel machen ihre Menschheitsepoche durch auf dem alten Mond. Seit der Saturnentwicklung haben also alle drei Engelordnungen der dritten Hierarchie ihre Menschheitsepoche durchgemacht.

Die Existenz und das Wirken der hierarchischen Wesen ist uns viel näher, als es uns gemeinhin bewusst ist. Rudolf Steiner führt dazu aus:

«Ich habe Ihnen schon gesagt, dass wir nicht nur während der Nacht, sondern auch während des Tages schlafen. Wir sind uns nicht voll bewusst des ganzen inneren Erlebens, und insofern wir bei Tage schlafen, leben bei Tage auch in uns die Wesenheiten der höheren Hierarchien.

In diesem Ich leben, von der geistigen Welt aus ihre Impulse hereinerstreckend, die Angeloi, die Archangeloi und die Archai. In dem, was am allermeisten schläft, in dem entschiedenen Wollen, lebt zunächst die Kraft der Archai. Es leben schon auch die Angeloi und die Archangeloi im Wollen, aber die tiefsten Impulse des Wollens kommen immer von den Archai. Nur weiß der Mensch ja von seinem Wollen, wie ich Ihnen schon auseinandergesetzt habe, sehr wenig. Im Gefühle des Menschen lebt die Kraft der Archangeloi und in seinem Denken die Kraft der Angeloi. Man kann sagen: Als unbewusstes Selbsterlebnis sind in uns die Willen gebenden Archai, die Gefühle gebenden Archangeloi und die Denken gebenden Angeloi. Und das alles strebt und webt in das Ich hinein und wird zuletzt zu dem, was der Mensch eben sein inneres Seelenleben nennt.»[34]

Für dieses Wirken gibt dem Engel eine Konstitution die Möglichkeit, die sich vom Menschen unterscheidet, denn:

«Der Engel hat nicht ein solches auf der Erde in einem Körper unmittelbar herumwandelndes Ich wie der Mensch. Er entwickelt auch nicht sein Geistselbst auf der jetzigen Stufe seiner Entwickelung auf der Erde. Daher schaut auch das, was von ihm auf der Erde ist, gar nicht so aus, als wenn es zu einem geistigen Wesen gehören würde. Wenn Sie einem Menschen begegnen, so sehen Sie ihm an: Der hat seine Prinzipien in sich, der hat daher alles organisch gegliedert. Wenn Sie einen Engel aufsuchen wollen, dann müssen Sie berücksichtigen, dass sein Physisches hier unten nur etwas ist wie ein Spiegelbild seiner geistigen Prinzipien, die auch nur im Geistigen zu schauen sind. Im fließenden und rieselnden Wasser, in dem sich in Dunst auflösenden Wasser, ferner in den Winden der Luft und in den durch die Luft zuckenden Blitzen und dergleichen, da haben Sie den physischen Körper der Engelwesen zu suchen. Und die Schwierigkeit besteht zunächst für den Menschen darin, dass er glaubt, ein Körper müsse ringsherum bestimmt begrenzt sein. Dem Menschen wird es schwer, sich zu sagen: Ich stehe vor einem aufsteigenden oder herabfallenden Nebel, ich stehe vor einer sich zerstäubenden Quelle, ich stehe im dahinbrausenden Wind, ich sehe den Blitz aus den Wolken schießen und weiß, dass das die Offenbarungen der Engel sind; und ich habe zu sehen hinter diesem physischen Leib, der eben nicht so begrenzt ist wie der menschliche, ein Geistiges.»[35]

Engel haben in den Elementen ihren physischen Leib auf geistige Weise. Das bleibt nicht ohne Wirkung auf den Menschen. Dadurch sind Astral-, Äther- und physischer Leib durchsetzt «mit Kräften von den Wesenheiten der höheren Hierarchien. Das aber hindert nicht, dass diese heraufspielen in das bewusste Ich, dass aus den verborgenen Tiefen des Menschenwesens diese Kräfte zufließen, heraufspielen in das bewusste Ich.»[36]

«Die Wesenheiten der dritten Hierarchie – Angeloi, Archangeloi, Archai machen eigentlich die Geschichte, und der Mensch nimmt teil an dem Werk dieser dritten Hierarchie, indem er daraus sein Bewusstsein als Persönlichkeit hat, sein Bewusstsein als Mensch, als geschichtliches Erdwesen. [...] Durch Ihren astralischen Leib hängen Sie zusammen mit dem geschichtlichen Leben der Menschheit.»[37]

Stufen der Engelwesen

In den Vorträgen über *Gegenwärtiges und Vergangenes im Menschengeiste* gab Rudolf Steiner am 7. März 1916 in Berlin eine äußerst konzentrierte Übersicht über die Wirkensfelder der verschiedenen Hierarchien: «Aber ebenso, wie wir durch unseren physischen Leib mit der Luftumgebung und mit der Wärmeumgebung leben, ebenso leben wir durch unsere Gedanken mit der Umgebung der Hierarchie der dritten Ordnung, und wir leben durch unsere Gefühle und unsere Willensimpulse mit den Wesenheiten der Hierarchie der zweiten Ordnung und mit den Geistern des Willens (der ersten Ordnung). So stehen wir im Weltenall drinnen.»[38] Neben den durch Dionysios verwendeten nennt er weitere Namen für die Hierarchien aus anderen okkulten Überlieferungen. Sie lauten in der Übersicht:

Erste Hierarchie
Seraphim (lat. seraphim, Geister der All-Liebe)
Cherubim (lat. cherubim, Geister der Harmonien)
Throne (griech. thronoi, lat. throni, Geister des Willens)

Zweite Hierarchie
Kyriotetes (lat. dominationes, Herrschaften, Geister der Weisheit)
Dynameis (lat. virtutes, Mächte, theos. Mahat, Geister der Bewegung)
Exusiai (lat. potestates, Gewalten, hebr. Elohim, Geister der Form)

Dritte Hierarchie

Archai (lat. principatus, Fürstentümer, Urengel, Urbeginne, Urkräfte, Geister der Persönlichkeit)

Archangeloi (lat. arcangeli, Erzengel, Söhne des Feuers, Feuergeister, Erzboten)

Angeloi (lat. angeli, Engel, Söhne des Zwielichts, Geister der Dämmerung, Söhne des Lebens, Boten)

Diese Engelhierarchien zählt bereits Paulus im Brief an die Epheser im 1. Kapitel auf. Er schildert da die Herrlichkeit Gottes, der seinen Sohn «von den Toten auferweckt hat und eingesetzt zu seiner Rechten im Himmel über alle Reiche, Gewalt, Macht, Herrschaft und jeden Namen, der angerufen wird, nicht allein in dieser Welt, sondern auch in der zukünftigen». Das Gesagte erschließt sich dabei nur in einer der älteren Übersetzungen der Bibel. Neuere Fassungen versuchen die Engellehre zu ignorieren. Der angeführte Wortlaut stammt aus der *Lutherbibel* von 2017, die den alten Text an dieser Stelle belassen hat.

Die Engellehre wäre ohne den Blick auf die über alles erhabene Trinität jedoch unvollständig.

Eine frühe Erwähnung findet sie in der Schilderung des Propheten Jesaja, der von seiner Schau des Schöpfergottes berichtet, die sich aus dem historischen Kontext auf das 8. vorchristliche Jahrhundert datieren lässt. Der Zusammenhang geht aus dem 2. Buch der Chronik 26,1–23 hervor, das über Usija, der an anderer Stelle[39] auch Asarja genannt wird, berichtet, dass er sechzehnjährig König von Juda wurde und seine Herrschaft 52 Jahre währte. «Solange er den Herrn suchte, ließ es ihm Gott gelingen.» Doch «als er mächtig geworden war, überhob sich sein Herz zu seinem Verderben». Er drang in den Tempel ein, um auf dem Altar selbst Opfer zu bringen, und wurde von

Gott mit Aussatz bestraft. Den Tempel durfte er nicht mehr betreten, musste in einem abgesonderten Haus wohnen und wurde nach seinem Tod außerhalb des königlichen Grabes beigesetzt.[40]

An diesem geschichtlichen Ereignis verortet sich die Schau des Propheten Jesaja, die einen Blick auf die Trinität eröffnet, bei welchem die Vatergottheit noch ganz im Vordergrund steht: «In dem Jahr, als der König Usija starb, sah ich den Herrn sitzen auf einem hohen und erhabenen Thron und sein Saum füllte den Tempel. Seraphim standen über ihm; ein jeder hatte sechs Flügel: Mit zweien deckten sie ihr Antlitz, mit zweien deckten sie ihre Füße und mit zweien flogen sie. Und einer rief zum andern und sprach: Heilig, heilig, heilig ist der Herr Zebaoth, alle Lande sind seiner Ehre voll! Und die Schwellen bebten von der Stimme ihres Rufens und das Haus ward voll Rauch.»[41]

An anderer Stelle wird aber deutlich, dass Jesaja, der in dieser Schau noch unerwähnt gebliebene Sohn, nicht unbekannt ist: «Und es wird ein Reis hervorgehen aus dem Stamm Isais und ein Zweig aus seiner Wurzel Frucht bringen. Auf ihm wird ruhen der Geist des Herrn, der Geist der Weisheit und des Verstandes, der Geist des Rates und der Stärke, der Geist der Erkenntnis und der Furcht des Herrn. Und Wohlgefallen wird er haben an der Furcht des Herrn. Er wird nicht richten nach dem, was seine Augen sehen, noch Urteil sprechen nach dem, was seine Ohren hören, sondern wird mit Gerechtigkeit richten die Armen und rechtes Urteil sprechen den Elenden im Lande, und er wird mit dem Stabe seines Mundes den Gewalttätigen schlagen und mit dem Odem seiner Lippen den Gottlosen töten. Gerechtigkeit wird der Gurt seiner Lenden sein und die Treue der Gurt seiner Hüften. Da wird der Wolf beim

Lamm wohnen und der Panther beim Böcklein lagern. Kalb und Löwe werden miteinander grasen, und ein kleiner Knabe wird sie leiten. Kuh und Bärin werden zusammen weiden, ihre Jungen beieinanderliegen, und der Löwe wird Stroh fressen wie das Rind. Und ein Säugling wird spielen am Loch der Otter, und ein kleines Kind wird seine Hand ausstrecken zur Höhle der Natter.»[42]

Eine vollständige Darstellung der Trinität, welche die Erweiterung um die Erfahrung der Christus-Begegnung enthält, findet sich schließlich in der Offenbarung des Johannes:

«Danach wurde mir etwas anderes gezeigt. Ich sah im Himmel eine geöffnete Tür und hörte, wie die gleiche Stimme, die schon zuvor mit mir gesprochen hatte und die wie eine Posaune klang, zu mir sagte: ‹Komm hier herauf! Ich werde dir zeigen, was nach den Dingen, von denen du bereits gehört hast, noch kommen muss.› Im gleichen Augenblick wurde ich vom Geist Gottes ergriffen. Ich sah einen Thron im Himmel stehen, und auf dem Thron saß jemand, von dem ein Leuchten ausging wie von einem Diamanten oder einem Karneol. Ein Regenbogen, strahlend wie ein Smaragd, umgab den Thron mit seinem Glanz. Rings um den Thron standen vierundzwanzig andere Throne, und auf diesen Thronen saßen vierundzwanzig Älteste, die in weiße Gewänder gehüllt waren und goldene Kronen trugen. Von dem Thron in der Mitte her zuckten Blitze

Im Liber Scivias, einem im 12. Jh. entstandenen illustrierten Werk christlicher Mystik von Hildegard von Bingen, sind die neunchörigen Engelhierarchien mit ihrer Stufung von drei mal drei Tiraden in konzentrischen Kreisen dargestellt.
Dem zweiten Gebot «Du sollst dir kein Bild machen» folgend, ist dabei das Zentrum mit der Ansicht des Vatergottes ausgespart.

Heilige Dreifaltigkeit, russische Ikone, Bayerisches Nationalmuseum
Das Bild zeigt die überragende Gestalt des Vaters mit dem Sohn in kindlicher Größe auf seinem Schoß sitzend. Die Taube als Symbol des Heiligen Geistes erscheint auf einer runden Schale im oberen Brustbereich.
Throne tragen den Sitz, Cherubim gruppieren sich um Hüfte und Beine, während eine Schar von Seraphim im dunklen Nimbus die Trinität umkränzt.
In den vier Ecken der roten Sterngestalt sind die Evangelistensymbole dargestellt.

auf, begleitet von Donnergrollen und Donnerschlägen. Sieben Fackeln brannten vor dem Thron; das sind die sieben Geister Gottes. Die Fläche, die sich vor dem Thron ausdehnte, sah wie ein gläsernes Meer aus und war von kristallener Klarheit. Unmittelbar beim Thron, rings um ihn herum, standen vier lebendige Wesen, die vorn und hinten mit Augen bedeckt waren. Das erste dieser Wesen glich einem Löwen, das zweite einem jungen Stier, das dritte hatte ein Gesicht wie ein Mensch, und das vierte sah aus wie ein Adler im Flug. Jedes dieser vier Wesen hatte sechs Flügel, und auch die Flügel waren überall – selbst auf der Unterseite – mit Augen bedeckt. Tag und Nacht rufen diese Wesen immer wieder aufs Neue: ‹Heilig, heilig, heilig ist Gott, der Herr, der allmächtige Herrscher, er, der war, der ist und der kommt.› Und sooft sie dem Ehre erweisen, der auf dem Thron sitzt und in alle Ewigkeit lebt, sooft sie ihn rühmen und ihm ihren Dank bringen, werfen sich auch die vierundzwanzig Ältesten vor ihm nieder und beten ihn an – ihn, der auf dem Thron sitzt und in alle Ewigkeit lebt. Sie legen ihre Kronen vor seinem Thron nieder und rufen:

‹Würdig bist du, Herr, unser Gott, Ruhm und Ehre zu empfangen und für deine Macht gepriesen zu werden! Denn du bist der Schöpfer aller Dinge; nach deinem Willen wurde alles ins Dasein gerufen und erschaffen.›»[43]

Das Verständnis der Wesenseinheit von Gottvater, Sohn und Heiliger Geist, das bei Johannes durch den Hinweis auf die Trinität als Quell des Gewordenen, Seienden und Werdenden sowie die Vierheit der Evangelien als Zeugnisse der neuen Schöpfung angedeutet wird, und das Verhältnis der Dreifaltigkeit zu den Engelhierarchien bereitete dem wachsenden Christentum durch Jahrhunderte unüberwindliche Schwierigkeiten. Wie verhielt sich die Dreiheit in der Einheit zu der Vielfalt hierarchischer Geistwesen?

Der Presbyter Arius aus Alexandria vertrat die Auffassung einer Subordination des Sohnes, da er als geschaffenes Wesen einen zeitlichen Anfang habe und deshalb in seiner Göttlichkeit nicht gleichrangig zum Vater anerkannt werden könne.

Die aus Europas Norden während der Völkerwanderung dem Schwarzmeer- und Mittelmeerraum zugewanderten Goten wurden mit dieser Auffassung christianisiert. Ihre Natur- so-

Die Dreifaltigkeit in einer französischen Bibel des 15. Jh.

wie Schöpfungsverbundenheit und «junge» Menschlichkeit legte ihnen das Verständnis eines erhabenen Vaters und menschengeborenen Sohnes nahe.

Paulus' Heilserfahrung, die er als Konsequenz im 1. Korintherbrief, 15,47–49 ausspricht, bedeutet ein gleichrangiges Verhältnis zum Vatergott. Denn: «Der erste Adam war aus dem Staub der Erde gemacht; der zweite Adam hat seinen Ursprung im Himmel. So, wie der irdische Adam beschaffen war, sind alle beschaffen, die zur Erde gehören; und so, wie der himmlische Adam beschaffen ist, werden alle beschaffen sein, die zum Himmel gehören. Genauso, wie wir jetzt das Abbild des irdischen Adams sind, werden wir einmal das Abbild des himmlischen Adams sein.»[44]

Damit hat Paulus die Voraussetzung für den ebenfalls aus Alexandria kommenden Bischof Athanasius geschaffen, der konsequent die Auffassung einer gleichrangigen Seinsstufe von Gottvater, Sohn und Heiligem Geist vertrat. Christus wurde als wahrer Gott gesehen, welcher die Menschheit durch sein Werk in einer Neuschöpfung erlöst.

Das erste Konzil von Konstantinopel (381) bzw. das von Chalcedon (451) löste zuletzt auch das Problem im Verhältnis von Vater und Sohn zum Heiligen Geist. Dabei spielte die Formel vom «Unvermischten und Ungetrennten» der göttlichen Dreifaltigkeit die lösende Rolle. Sie lautete:

«Ein und derselbe ist Christus, der einziggeborene Sohn und Herr, der in zwei Naturen unvermischt, unveränderlich, ungetrennt und unteilbar erkannt wird, wobei nirgends wegen der Einung der Unterschied der Naturen aufgehoben ist, vielmehr die Eigentümlichkeit jeder der beiden Naturen gewahrt bleibt und sich in einer Person und einer Hypostase (Seinsstufe) vereinigt.»

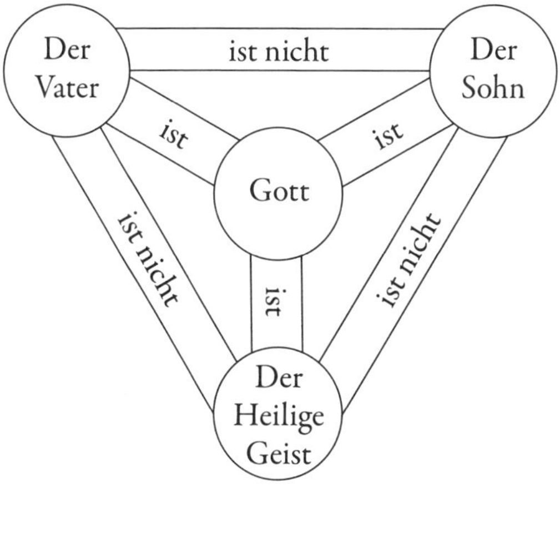

Hinsichtlich einer zuweilen aufgeworfenen, die Namen der Hierarchien betreffenden Frage, nennt Rudolf Steiner einen Grund, warum er an den Benennungen des Dionysios festgehalten hat. Durch den kulturgeschichtlichen Gebrauch haben sie in Europa ein vertrautes Verhältnis zum Bezeichneten entwickelt. Das wäre hier, bei Verwendung orientalischer Namen, nicht in gleicher Weise der Fall.

«Ich habe mich nicht gescheut, für die höheren geistigen Wesenheiten die Namen anzuwenden, welche in den ersten christlichen Jahrhunderten üblich waren. Der Orientale würde andere Namen wählen.»[45]

Über den Charakter der Namen macht er an anderer Stelle eine weitere wichtige Bemerkung:

«Alle diese Wesenheiten greifen irgendwo ein ins Gefüge der Erdenentwickelung, ins Gefüge der Reiche, die zur Erdenentwickelung gehören, sodass das, was hinter den Erscheinungen, die uns umgeben, steht, ein reich gegliedertes Geistiges ist. [...] Die Namen, die man gebrauchen kann, sind zumeist nicht Namen, die Individualitäten bezeichnen, sondern Namen, die gleichsam Würden oder Ämter bezeichnen. Wenn man also einen Namen nennt für eine Wesenheit, die während der Sonnenzeit gewirkt hat, so kann man denselben Namen nicht mehr gebrauchen, wenn man diese Wesenheit bezeichnen will in Bezug auf ihr Erdenwirken, denn da ist sie weiter fortgeschritten. Sie sehen, dass man sehr genau sprechen muss, wenn man die Wirklichkeit in den geistigen Gebieten treffen will.»[46]

Matthias Grünewald, Isenheimer Altar, «Engelskonzert», zweite Schauseite

Im Zusammenhang der Gründung der Waldorfschule wies Rudolf Steiner insbesondere auf die Bedeutung eines Lehrerbewusstseins für die Tätigkeit der dritten Hierarchie hin.

Noch vor der ersten Unterweisung zeigte er den Lehrern, wie jeder Einzelne mit der Wirksamkeit der Engel in Verbindung stehe, die Zusammenarbeit des Kollegiums durch Erzengel inspiriert und ihre Gemeinschaft durch den Blick hin zu dem Zeitgeist der gegenwärtigen Kulturepoche impulsiert werden könne.[47]

Das Aufgabengebiet der Engel liegt im Bereich des individuellen Menschen. Das Aufgabengebiet der Erzengel liegt im Bereich von Gruppen oder Gemeinschaften. In den Sprachen und Kulturen der Völker drückt sich ihre Tätigkeit aus.

Die Archai (Geister der Persönlichkeit) sind epochenprägende Zeitgeister, deren Tätigkeitsfeld über weite Zeiträume wirksam ausgespannt ist.

Das Engelskonzert auf dem Isenheimer Altar von Matthias Grünewald zeigt in den markanten Physiognomien der Engel im kleinen Tempel der Geburtstafel verschiedene Volksprägungen. Sie weisen auf eine Schar von Erzengeln hin. Rätselhaft erscheint die dunkle Gestalt links. Sie hält sich im Hintergrund und schaut mit großer Aufmerksamkeit auf die Geburt. Das Heilsgeschehen ist für den Verursacher der Vertreibung aus dem Paradies von ganz besonderer Bedeutung.

Wesen und Wirken der dritten Hierarchie – Engel, Erzengel, Zeitgeister

Zu den besonderen Eigenschaften des Menschen zählt, dass er ein vom Äußeren unabhängiges Innenleben haben kann. Rudolf Steiner charakterisiert das so:

«Diese Möglichkeit tritt uns ja in jeder Stunde unseres wachen Tageslebens vor Augen. Wir wissen, dass wir in Bezug auf dasjenige, was wir sehen mit unseren Augen, hören mit unseren Ohren, etwas Gemeinschaftliches haben mit allen anderen Wesenheiten, die sich auch ihrer Sinne bedienen können. Ein inneres Leben gegenüber der Außenwelt haben wir als Menschen mit anderen Menschen und vielleicht auch mit anderen Wesenheiten gemeinsam. Jeder für sich, das wissen wir ja nur zu gut als Menschen, hat seine besonderen Leiden, seine besonderen Freuden, hat seine Bekümmernisse und Sorgen, hat seine besonderen Hoffnungen und Ideale; und in einer gewissen Weise sind diese Sorgen, diese Leiden, diese Bekümmernisse, diese Hoffnungen und Ideale ein besonderes Reich, das man mit physischem Blicke nicht sogleich dem anderen Menschen ansehen kann, das er eben als ein selbstständiges inneres Leben mit sich durch die Welt trägt. Wenn wir mit einem Menschen in demselben Raum sind, so wissen wir, was auf seine Augen, was auf seine Ohren wirken kann. Was in seiner Seele vorgeht, was er da drinnen erlebt, darüber können wir vielleicht Ahnungen haben aus demjenigen, was er uns äußern will durch seine Mienen, durch seine Gesten oder aber durch seine Sprache; wenn er aber sein Innenleben als seine besondere Welt für sich haben will, dann können wir nicht ohne Weiteres in diese seine besondere Innenwelt eindringen.»[48]

Engel haben dem gegenüber eine andere Bewusstseinsart. Bei ihnen ist Selbstwahrnehmung zugleich Wesensoffenbarung, ähnlich dem, wenn wir durch Mimik oder Gestik unser Inneres im Äußeren zur Erscheinung bringen. Ihre Bewusstheit ist ganzheitlich und einheitlich. Sie nehmen sich selbst in ihren Offenbarungen, Handlungen wahr. Dann sind sie wach.

Nehmen wir bei einem Menschen eine solche Übereinstimmung wahr, dann sagen wir, er sei authentisch, er stimme mit sich selbst überein. Eine solche Übereinstimmung bewundern wir. Der entsprechende Mensch steigt in unserem Ansehen.

Jemand, der diese Übereinstimmung in seinem Verhalten nicht zeigt, sinkt in unserem Ansehen. Er erscheint uns unberechenbar, unzuverlässig und uneinheitlich.

Bei den Engeln ist das gesamte Verhältnis anders.

«Und wenn sie sich nicht offenbaren, wenn sie durch ihren Willen also nicht zu der Umwelt, zu der äußeren Welt in eine Beziehung treten, dann tritt für sie ein anderer Bewusstseinszustand ein, dann schlafen sie in einer gewissen Weise. Nur ist ihr Schlaf kein bewusstloser Schlaf wie beim Menschen, sondern ihr Schlaf bedeutet für sie eine Art Herabminderung, eine Art Verlust ihres Selbstgefühls. Sie haben ihr Selbstgefühl so lange, als sie nach außen sich offenbaren, und sie verlieren in einer gewissen Weise ihr Selbstgefühl, wenn sie sich nicht mehr offenbaren. Sie schlafen dann nicht wie die Menschen, sondern dann tritt in ihr eigenes Wesen etwas herein wie die Offenbarung von geistigen Welten, die höher sind als sie selber. Sie sind dann ausgefüllt in ihrem Innern von höheren geistigen Welten.»[49]

Dem Zusammenhang von Wahrnehmen und Innenleben des

Menschen entspricht beim Engel ein Verhältnis von Offenbarung und Geist-Erfüllung.

Engel können also nur einheitlich bzw. authentisch sein. Ihre Natur sorgt für eine entsprechende Voraussetzung.

Menschliches Wahrnehmen und Innenleben können sich hingegen bewusst trennen. Als krasses Beispiel: Menschen können lügen.

Engel können dies ihrem Wesen nach (Steiner: «wenn sie ihre Natur beibehalten») nicht.

«Diese Wesenheiten müssen im Reich der absoluten Wahrheit leben, wenn sie sich überhaupt erleben wollen.»[50]

Wir finden diese Natur wieder in der oben beschriebenen «Denkweise» der Engel.

Aufschlussreich ist in dieser Hinsicht ein Hinweis Steiners auf das Verhältnis, das der Mensch bei gesundem Seelenleben zu seinem Denken hat. Dieser Hinweis wird in der Schrift *Die Schwelle der geistigen Welt* mit den Worten gegeben:

«Ich empfinde mich denkend eins mit dem Strom des Weltgeschehens.»[51]

Rudolf Steiner empfiehlt diesen Satz zu einer gründlichen Meditation. Sie hilft auf dem Weg zur charakterlichen Einheitlichkeit.

Allerdings spielt in das Bewusstseinsleben des Menschen etwas herein, das ihm für gewöhnlich entgeht.

«Der Mensch erfasst im Wachzustande nicht völlig sein Inneres. Man muss sich klar darüber sein, dass dasjenige, was man als Ich und als astralischen Leib bezeichnet, im Wachzustande durchaus nicht wirklich zum Bewusstsein des Menschen kommt, sondern dass in diesem Wachzustande nur ein Abbild, ein Spiegelbild von Ich und astralischem Leib zum Bewusstsein des Menschen kommt.»[52]

Würde der Mensch im Schlaf bewusst werden und die wahre Gestalt von Ich und astralischem Leib erleben, nicht das Spiegelbild, wie im Wachzustande, sondern die wahre Gestalt, da würde die wahre Gestalt von Ich und astralischem Leib vor das imaginative Bewusstsein treten als Wirken von Angeloi, Archangeloi und Archai.[53]

«Während des Wachzustandes erlebt der Mensch diesen innigen Zusammenhang, in dem er eigentlich sein ganzes Leben hindurch mit den als Angeloi, Archangeloi und Archai bezeichneten Wesenheiten steht, nicht. Und darinnen besteht eben für den Wachzustand die Täuschung, dass es bleibt bei dem abstrakten Ich, das der Mensch erlebt, und bei den schattenhaften Vorstellungen und Gedanken, die des Menschen Seele erfüllen – denn schattenhaft sind sie doch –, oder gar bei dem halb traumhaft vor sich gehenden Gefühl der Wollungen. Das ist das Wesentliche, dass der Mensch während des Wachzustandes dabei bleiben muss, dieses Schattenhafte seines Ich und seines astralischen Leibes zu erleben, und dass er sich nicht bewusst werden kann, dass in sein Ich hereinwirken die Wesenheiten der dritten Hierarchie.»[54]

«Dadurch, dass die Hierarchie der Archangeloi hereinwirkt, fühlen wir uns als Angehörige der ganzen Menschheit. Wir könnten auch sagen, dadurch, dass die Erzengelwesen in unser geistig-seelisches Sein hereinleuchten, dass sie dieses inspirieren, fühlen wir uns eigentlich als Mensch. Und dadurch, dass die Wesenheit der Archai, der Zeitgeister, in unser Wesen hereinpulsiert, es intuitiert, fühlen wir uns als Erdenwesen, das heißt als Angehörige nicht nur der gegenwärtigen Menschheit, sondern als Angehörige der ganzen Erdenmenschheit vom Anfange des Erdenwerdens bis zum Ende des Erdenwerdens.»[55]

«Es bleibt dieses imaginative Bewusstsein eine Art Spiegelung, solange wir unsere Gedanken nur so erleben, dass wir durch das freie Gedankenleben uns als Persönlichkeit fühlen. Werden wir uns noch einmal klar darüber, wodurch wir uns als Persönlichkeit fühlen: Wir fühlen uns als Persönlichkeit dadurch, dass wir willkürlich einen Gedanken an den andern setzen können. Sie würden sogleich aufhören, sich als Persönlichkeit zu fühlen, wenn Sie gezwungen wären, einen Gedanken an den andern anzureihen so, wie eine Naturerscheinung sich an die andere anreiht. Dieses Erlebnis der inneren Freiheit – in der Fortführung unseres Denkens liegt das Sich-Erfühlen als Persönlichkeit –, das ist noch, was am klarsten dem Menschen zum Bewusstsein kommt während des Tagwachens. Und es kommt während des Tagwachens dadurch zum Bewusstsein, dass vom Einschlafen bis zum Aufwachen der Mensch durchtränkt ist von seinem Engelwesen, dass dieses Engelwesen zu unserem Ich gehört.

Schon viel apathischer, viel weniger stark und intensiv fühlen wir uns als Angehöriger der ganzen Menschheit, weil wir natürlich dem Erzengelwesen, welches macht, dass wir uns als Mensch fühlen können, ferner stehen als dem Engelwesen. Und dasjenige, was uns hereinsetzt als Persönlichkeit in die ganze menschliche Entwickelungsströmung, das bleibt für die meisten Menschen etwas recht, recht Schattenhaftes.»[56]

Schon zuvor hat ein Hinweis Rudolf Steiners über den Ort und die Art des Wirkens der dritten Hierarchie im Menschen vertraut gemacht. Er klärt über dieses Verhältnis weiter auf:

«Ich habe Ihnen schon gesagt, dass wir nicht nur während der Nacht, sondern auch während des Tages schlafen. Wir sind uns nicht voll bewusst des ganzen inneren Erlebens, und insofern wir bei Tage schlafen, leben bei Tage auch in uns die Wesenheiten der höheren Hierarchien.

In diesem Ich leben, von der geistigen Welt aus ihre Impulse hereinerstreckend, die Angeloi, die Archangeloi und die Archai. In dem, was am allermeisten schläft, in dem entschiedenen Wollen, lebt zunächst die Kraft der Archai. Es leben schon auch die Angeloi und die Archangeloi im Wollen, aber die tiefsten Impulse des Wollens kommen immer von den Archai. Nur weiß der Mensch ja von seinem Wollen, wie ich Ihnen schon auseinandergesetzt habe, sehr wenig. Im Gefühle des Menschen lebt die Kraft der Archangeloi und in seinem Denken die Kraft der Angeloi. Man kann sagen: Als unbewusstes Selbsterlebnis sind in uns die Willen gebenden Archai, die Gefühle gebenden Archangeloi und die Denken gebenden Angeloi. Und das alles strebt und webt in das Ich hinein und wird zuletzt zu dem, was der Mensch eben sein inneres Seelenleben nennt.»[57]

Aus der Summe dieser Hinweise kann deutlich werden, was Rudolf Steiner am 21. August 1919 mit der esoterischen Handlung zu Beginn des Lehrerkurses *Allgemeine Menschenkunde* den Teilnehmern mitteilen wollte.

Walter Johannes Stein, ein Mensch mit großer spiritueller Begabung, notierte sich von diesem Vorgang in seinem Tagebuch:

«Kraft – Engel
Mut – Erzengel
Licht – Archai

Dankt den ... [guten Geistern], die Molt die Idee eingaben. Die Götter werden mit dem weiterarbeiten, was aus unserem Tun wird.»[58]

Später erweiterte Rudolf Steiner in Prag die anthroposophisch-menschenkundlich wie pädagogisch-praktisch bedeutsame Perspektive dieses Zusammenhanges.

Dabei geht es um die Verbindung des Menschen mit den Geistern der dritten Hierarchie von Inkarnation zu Inkarnation und ihr Wirken in der Vorgeburtlichkeit und im Leben zwischen Geburt und Tod.[59]

Im Bereich des Denkens wird der Mensch durch den vorirdischen Verkehr mit den Engeln auf die Art des intelligenten Verkehrs mit anderen Menschen im Erdenleben vorbereitet.

Eine noch tiefere Vorbereitung geschieht vor der Geburt durch die Erzengel für das Feld des Sprechens. Denn: «Was wären wir als Menschen untereinander ohne Sprache, wenn wir nicht das Ätherische der Gedankenwellen hineingießen könnten in die gröberen Luftwellen, die die Sprache vermitteln! Die Kräfte, die bewirken, dass unser rhythmisches System der Träger einer dichteren Offenbarung wird, haben wir von der Hierarchie der Archangeloi.»

Wer sich das zum Bewusstsein bringt und ein entsprechendes Verhältnis zu diesem Geschehen zu entwickeln vermag, wird sagen: «Für mein Denken danke ich den Angeloi, für die Sprache danke ich den Archangeloi.»

Wenn auch in den vorausgehenden Darstellungen von der «Geburt» der Wesensglieder in einer gewissen zeitlichen Abfolge gesprochen und die Ich-Geburt mit dem Zeitpunkt der Mündigkeit, d. h. um das 18. bis 21. Lebensjahr angenommen wurde, so bereitet sich diese für die Biografie doch durch alle vorausgehenden Entwicklungsschritte vor.

Das Ich-Wesen richtet das kleine Kind auf, der Astralleib weckt in ihm die Sprachempfindung, der Ätherleib durchdringt das alles mit der Denkkraft. Zwei Entwicklungsströmungen kreuzen sich im heranwachsenden Menschen. Der eine wirkt «von oben nach unten» und der andere «von unten nach oben». Der erste trägt die Kraftströme des Vorgeburtlichen in das Erdenleben, der andere entwickelt aus dem Kraftfeld des Irdischen den Aufbau des Erdenmenschen.

Dieses komplexe Geschehen organisiert die organischen Vorgänge im Menschen anders als die entsprechenden Prozesse im Tier. Das findet seinen Ausdruck in der aufrechten Haltung des Menschen. «Wenn wir das Tier betrachten, das sein Rückgrat parallel zur Erdoberfläche hat, so ist das Tun, das Sich-Bewegen, Handeln, alles, was aus dem Astralen hervorgeht, etwas ganz anderes als beim Menschen, der als ein wollendes Wesen aus seiner aufrechten, senkrechten Natur heraus handelt. Was beim Menschen Zustände sind, die sich so im Ich, Astralleib und Ätherleib abspielen, das ist im physischen Leibe eine Art Verbrennungsprozess. [...] Die Verbrennungsprozesse beim Menschen sind ganz andere als beim Tier. Wenn die Flamme des organischen Wesens horizontal wirkt, vernichtet sie das, was aus dem Gewissen kommt, es kann nicht hereinwirken, was aus dem Moralischen kommt vom Gewissen. Dass sie beim Menschen durchströmt wird vom Gewissen, beruht darauf, dass die Willensflamme beim Menschen senkrecht auf dem Erdboden steht. In diesen Einschlag des Moralischen, des Gewissenhaften, versetzt sich das Kind ebenso wie in die äußere physische Gleichgewichtslage. Mit dem Gehenlernen schießt in den Menschen hinein die moralische Menschennatur, ja sogar das religiöse Durchsetzt-Sein der Menschennatur. Das sind wahrhaft erhabene Kräfte, die da einwirken, wenn das Kind übergeht aus der kriechenden in die gehende Bewegung. Diese Kräfte, wenn wir sie zurückverfolgen durch das Dunkel des Kindesbewusstseins, sie führen uns zu einem noch höheren Umgang des Menschen mit den Wesenheiten, die wir Urkräfte, Archai nennen.»

Und so kann der «gebetsartigen Formel» über das Denken

Die Engelhierarchien in der Kuppel des Baptisteriums San Giovanni in Florenz, 13. Jh. Unten: Christus inmitten von Seraphim und Cherubim, links daneben im Uhrzeigersinn fortlaufend: Throne, Dynameis, Archai, Angeloi, Archangeloi, Exusiai, Kyriotetes

und die Sprache ein Drittes hinzugefügt werden: «Für mein Hineingestellt-Sein in das irdische Dasein nach physischen und moralischen Kräften danke ich den Archai, die es von noch höheren Wesenheiten haben.»

Der Zusammenhang mit den Wesen der dritten Hierarchie besteht jedoch nicht nur im vorgeburtlichen Leben. Er kann auch im Leben nach der Geburt gesucht werden. Dafür aber ist eine bestimmte Qualität in der Ausübung der drei Seelenfähigkeiten Voraussetzung. Was der Mensch diesbezüglich im wachen Tagesleben tut, das bestimmt über die Möglichkeit, sich der dritten Hierarchie im Bereich des Schlafes zu nähern.

«Es hängt da sehr viel davon ab, wie das Denken während des Wachens sich gestaltet, wie wir in die Nähe der Angeloi kommen. Es hängt ab von der Art, wie der Mensch seine Sprachkräfte in würdiger Weise gebraucht, ob er in würdiger Weise in die Nähe der Archangeloi kommt. Von der Art, wie er in richtiger Weise seine Bewegungsfähigkeit und seinen moralischen Sinn gebraucht, hängt ab, ob er in würdiger Weise in die Nähe der Archai kommt.»

Geistesgegenwart im Denken, Sprechen und Handeln ist das Gefährt, auf dem sich der Mensch der Tätigkeit der dritten Hierarchie nähern kann. Geistesgegenwart findet ihren Ausdruck in einem realistischen Idealismus.

Dreierlei Gaben bringt der Mensch mit aus dem vorirdischen Dasein und kommt durch ihre wesensgemäße Gestaltung nächtens wiederum in ihre Nähe.

Schlimm könnte es werden, wenn diese Annäherung durch den Materialismus des Denkens, Sprechens und Handelns immer weiter erschwert würde.

«Aber dank der geistigen Welt haben die Menschenseelen heute noch – wenigstens für die meisten Menschen – so viel

Erbschaft an guter Gesinnung des Denkens, Sprechens und Handelns, dass durch den Materialismus von heute noch nicht alles verderbt werden kann. Sehr materialistische Menschen haben aus dem gegenwärtigen Erdenleben nicht viel, um in die Nähe der Hierarchien zu kommen, doch aus dem vergangenen Leben quillt empor, was sie hinbringt.»

An dem dargestellten Geschehen um die Geburt des Menschen sind eine Vielzahl geistiger Wesen beteiligt.

Das Denken wird von den Angeloi vorbereitet, die Sprachfähigkeit von den Archangeloi, das persönliche Schicksal von den Archai, die Sprachwahl jedoch von den Exusiai, Dynameis, Kyriotetes und die Denkfähigkeit von den Thronen, Cherubim und Seraphim.

Die Tugenden bei Platon, Aristoteles und Konfuzius – die Wirklichkeit der Wärme in Mut und Opfer

Der Blick nach oben fordert immer zugleich auch den Blick zum bzw. in den Umkreis. Was nach oben geahnt und verehrt wird, benötigt sein Widerlager im Erdenleben. Die Einheitlichkeit von Innen- und Außenleben fordert nicht allein die Theologie des Dionysios, sondern bildet zugleich ein Ziel vorbildlicher Menschen.

Das sechste, fünfte und vierte vorchristliche Jahrhundert war mit zahlreichen Menschen gesegnet, welche die Moral- und Tugendvorstellungen der nachfolgenden Zeit prägten. Herausragende Namen sind in diesem Zusammenhang Sokrates (470–399), Platon (427–347), Aristoteles (384–322) und Konfuzius (551–479). Sie verbindet die Frage nach dem vorbildlichen Verhalten des Menschen, dem Guten.

Platon nannte als Grundtugenden Weisheit, Gerechtigkeit, Mäßigung (Besonnenheit) und Tapferkeit.

In der Mitte des 13. Jahrhunderts unserer Zeitrechnung (um 1250) wurde der Sarg des Papstes Clemens II. im Bamberger Dom mit marmornen Reliefs geschmückt, die diese Tugenden im Sinnbild darstellen:

Die Weisheit wird durch eine Gestalt dargestellt, die einen Drachen bändigt.

Die Gerechtigkeit hält eine Waage im Gleichgewicht.

Die Mäßigung zeigt das Mischen von Wein und Wasser.

Die Tapferkeit wird im Spiel mit dem Löwen gezeigt.

Aristoteles entwickelte in der *Nikomachischen Ethik* den Gedanken, dass die Tugenden eine Mitte zwischen zwei Extremen darstellen:

Weisheit zwischen Verstand und Stumpfheit,
Gerechtigkeit zwischen Willkür und Starrheit,
Mäßigung zwischen Gier und Kargheit,
Tapferkeit (Mut) zwischen Tollkühnheit und Feigheit.

Konfuzius nennt fünf Kardinaltugenden. Sie heißen
Menschlichkeit,
Gerechtigkeit oder rechtes Handeln,
Sitte,
Weisheit und Wahrhaftigkeit.

Das damit Gemeinte kommt in Äußerungen aus Lehrgesprächen zur Erscheinung. Zur Menschlichkeit rät Konfuzius: «Was du liebst, lass frei. Kommt es zurück, gehört es dir – für immer.» Auf einer allgemeineren Stufe heißt es: «Die höchste Stufe menschlicher Bildung ist die vollkommene Ausgeglichenheit der Seele und der maßvolle Lebenswandel.»

Gerechtigkeit oder rechtes Handeln wird durch den Hinweis auf die drei Wege beschrieben: «Der Mensch hat dreierlei Wege, klug zu handeln: durch Nachdenken ist der edelste, durch Nachahmen der einfachste, durch Erfahrung der bitterste.»

In der Sittenlehre verweist Konfuzius auf eine innere Wahrheit: «Der sittliche Mensch liebt seine Seele, der gewöhnliche sein Eigentum.»

Weisheit wird durch eine bestimmte Einsicht beschrieben: «Wer die anderen kennt, ist weise, doch wer sich selbst kennt, ist erleuchtet!»

Zur Wahrhaftigkeit bemerkt er: «Wahrheit ist der Weg des Himmels. Die Verwirklichung der Wahrheit ist der Weg des Menschen.»

Auffallend ist der große Einklang der vier großen Tugendlehrer. Dabei wird aus der Fünfheit Asiens die Vierheit Europas.

Eine Entsprechung findet sich in den Elementenlehren dieser Weltgebiete. Asien kennt die fünf Elemente Holz, Feuer, Metall, Wasser und Erde, die unmittelbar aus der Natur abgeleitet sind und die Beziehungen zwischen Erde, Mensch und Himmel erschließen.

Ähnliches leistet die europäische Elementenlehre, die mit Ovid den Prozess aus einem vorzeitlichen Chaos – «wenn Erde darin auch enthalten und Wasser und Luft, so war doch die Erde nicht fest und war das Wasser nicht flüssig, fehlte der

Luft das Licht. Seine Form blieb keinem erhalten» – den Blick in eine geistig schaffende vorgestaltliche Welt wirft und deren Schöpfungvorgang verfolgt.

Dieser Blick spannt sich aus kosmogonischen Fernen bis in die Gegenwart, in der elementarische Kräfte mit auszubildenden Tugenden zusammenhängen.

Denn nimmt man beispielsweise den Mut genauer in den Blick, entdeckt man, dass er mit Wärme verbunden ist. Das trifft sowohl auf den seelischen als auch physiologischen Tatbestand zu. Denn Blut, Kreislauf und Herz sind die Träger der Wärme im Menschen. Allerdings will die Tugendlehre den bloß natürlichen Sachverhalt der Wärme zu einem höheren Niveau veredeln.

Insofern steht die Dreiheit von Menschlichkeit, rechtem Handeln und Wahrhaftigkeit bei Konfuzius mit der Tugend des Mutes, d. h. einer höheren Wärmequalität in Verbindung.

Bei einem schönen Gedanken oder einem schönen Erlebnis sagt der Mensch oft, ihm werde warm ums Herz. Das lässt sich sogar physiologisch nachweisen, dennoch ist hier eine höhere Wärme von seelisch-geistiger Qualität gemeint.

Diese Wärme wird noch erhöht, wenn ein Liebender bereit ist, für das, was er liebt, Opfer zu bringen.

Das ist umso merkwürdiger, insofern wirkliche Opfer doch mit Verzicht verbunden sind. Und der hat eher abkühlende Wirkung. Was man leichthin weggibt, ist womöglich nur das Verteilen eines Überzähligen oder Unbedeutenden. Darauf wies bereits Paulus die Gemeinde in Korinth hin: «Wenn ich meinen ganzen Besitz an die Armen verteile, wenn ich sogar bereit bin, mein Leben zu opfern und mich bei lebendigem Leib verbrennen zu lassen, aber keine Liebe habe, nützt es mir nichts.»[60]

Verzicht hingegen stellt Anforderungen und verspricht das Gegenteil eines Wärmegewinns. Das Gegenteil ist dennoch der Fall, denn paradoxerweise erhöht die Bereitschaft zum Verzicht das Wärmeniveau zu einer geliebten Sache oder Person, denn: «Liebe ist geduldig, Liebe ist freundlich. Sie kennt keinen Neid, sie spielt sich nicht auf, sie ist nicht eingebildet. Sie verhält sich nicht taktlos, sie sucht nicht den eigenen Vorteil, sie verliert nicht die Beherrschung, sie trägt keinem etwas nach. Sie freut sich nicht, wenn Unrecht geschieht, aber wo die Wahrheit siegt, freut sie sich mit. Alles erträgt sie, in jeder Lage glaubt sie, immer hofft sie, allem hält sie stand. Die Liebe vergeht niemals.»

Ein Liebender kennt das Wunder zunehmender seelisch-geistiger Wärme trotz äußeren Verlusts.

Schenkende Tugend als Wirklichkeit der Luft

Ovid schildert in den *Metamorphosen* eine Etappe der Schöpfungsgeschichte, die noch ungestaltet war.

«Und, wenn Erde darin auch enthalten und Wasser und Luft, so
war doch die Erde nicht fest und war das Wasser nicht flüssig,
fehlte der Luft das Licht. Seine Form blieb keinem erhalten;
Eines stand dem Andern im Weg, denn in ein und demselben
Körper lagen das Warme und Kalte, das Trockne und Feuchte,
Weiches und Hartes im Zwist und Schwereloses mit Schwerem.»

Damit werden die Elemente in den Blick gerückt, die sich noch in einem Zustand des «Vorgeschaffenen» befinden. Alles, so erzählt er, war vorläufig und unbeständig. Eines stand dem anderen im Weg und lag miteinander im Streit.

Ein weites Werk war notwendig, die Welt zu gestalten und zu ordnen, ein Werk der Verdichtung und Verfestigung, der in der Anthroposophie als planetarischer Entwicklungsgang beschrieben wird. Vom «alten Saturn» über die «alte Sonne», den «alten Mond» vollzog sich ein Weg vom Warmen zum Lichten und Luftigen, zum Flüssigen und Festen. Das alles ging unter ganz anderen als den heutigen Erdbedingungen vonstatten. Erst zum gegenwärtigen Erdzustand entstanden die Elemente von Feuer, Luft, Wasser und Erde, wie wir sie heute kennen.

Dafür schickten die Hierarchien dienende Wesen, die Elementarwesen als Kräfte in die Entwicklung der Erde, die alsbald alles durchdrangen, was mit dem Leben der Erde zusammenhängt.

Die Elementarwesen des Festen (Gnome), Flüssigen (Undinen) und Luftförmigen (Sylphen) sind Abkömmlinge der dritten Hierarchie. So sind die Gnome als Abschnürungen der Archai, die Undinen als Abschnürungen der Archangeloi und die Sylphen als Abschnürungen der Angeloi entstanden.

«Was wir geistig in unserem Umkreis haben als Engel, Erzengel und Zeitgeister, das sondert von sich ab gewisse Wesenheiten, welche aus der Umgebung des Menschen hinuntersteigen in die Naturreiche. Diese Wesenheiten sind als Naturgeister von der dritten Hierarchie abgeschnürte Wesenheiten. Sie sind zu anderem Dienst als zum Menschheitsdienst, nämlich zum Naturdienst bestimmt worden. Und zwar sind gewisse Nachkommen der Archai diejenigen Wesenheiten, welche wir kennengelernt haben als die Naturgeister der Erde. Diejenigen, welche sich abschnüren von den Erzengeln und hinuntergesendet werden in die Natur, das sind die Naturgeister des Wassers, und solche, die sich von den Engeln abschnüren, haben wir als die Naturgeister der Luft anzusehen. Gewisse Wesenheiten werden hinuntergeschickt in die Reiche der Elemente, in Luft, Wasser, Erde, in das Gasförmige, Flüssige und Feste, um da unten Dienste zu leisten, um innerhalb der Elemente zu arbeiten und gewissermaßen als niedrigere Abkömmlinge der Wesenheiten der dritten Hierarchie, als Naturgeister zu fungieren. Wir können also sprechen von einer Verwandtschaft der Naturgeister mit den Wesenheiten der dritten Hierarchie.»[61]

Vor diesem Hintergrund wollen die Qualitäten der Elemente

eindringlicher empfunden und der Zusammenhang, zum Beispiel von «Luft» und «schenkender Tugend», tiefer verstanden werden.

Luft umgibt uns fortwährend, meistens sogar recht unbemerkt. Erst bei Windstille und drückender Schwüle oder bei Sturm macht die Luft unverkennbar auf sich aufmerksam. Richten wir die Aufmerksamkeit jedoch auf unseren Atemvorgang, erleben wir sofort seine intime Verwandtschaft mit unserem Seelenleben.

In Deutschland kennt wohl jeder Waldorfschüler Goethes Gedicht von den «zweierlei Gnaden», da er es bestimmt im Eurythmieunterricht kennengelernt hat. Es lautet:

«Im Atemholen sind zweierlei Gnaden:
Die Luft einziehn, sich ihrer entladen.
Jenes bedrängt, dieses erfrischt;
So wunderbar ist das Leben gemischt.
Du danke Gott, wenn er dich presst,
Und dank' ihm, wenn er dich wieder entlässt.»

Es ist nicht so einfach, das Erfrischende oder Bedrängende im Atmen zu erleben. Jeder Atemzug – besonders bei reiner Luft – erfrischt, hat sogar weckende Wirkung. Atmen wir jedoch zu tief ein, stellt sich sogleich ein Gefühl der Bedrückung ein.

Andererseits erleben wir bei einem Seufzer Erleichterung. Wir atmen aus und werden dadurch frei. Atmen wir jedoch so weit aus, dass uns die Luft ausbleibt, dann wirkt auch das als Bedrängung. So sind beide Endpunkte des Atmens bedrückend und beide Atemzüge, ob Ein- oder Ausatmung, erfrischend oder entspannend.

Im ersten Teil des *Faust* spricht der Titelheld eine Beschwörungsformel, in der er die Geister der Elemente anruft. Die

Szene spielt sich in seinem Studierzimmer ab, und er ahnt nicht, wer ihn auf dem Gang beobachtet:

Geister auf dem Gange.

Drinnen gefangen ist einer!
Bleibet haußen, folg' ihm keiner!
Wie im Eisen der Fuchs,
Zagt ein alter Höllenluchs.
Aber gebt acht!
Schwebet hin, schwebet wider,
Auf und nieder,
Und er hat sich losgemacht.
Könnt ihr ihm nützen,
Lasst ihn nicht sitzen!
Denn er tat uns allen
Schon viel zu Gefallen.

Faust.

Erst zu begegnen dem Tiere,
Brauch' ich den Spruch der viere:

Salamander soll glühen,
Undene sich winden,
Sylphe verschwinden,
Kobold sich mühen.

Wer sie nicht kennte,
Die Elemente,
Ihre Kraft
Und Eigenschaft,
Wäre kein Meister
Über die Geister.

Rudolf Steiner, Elementarwesen, Pastellzeichnung 1923

Verschwind in Flammen,
Salamander!
Rauschend fließe zusammen,
Undene!
Leucht in Meteoren-Schöne,
Sylphe!
Bring häusliche Hilfe,
Incubus! Incubus!
Tritt hervor und mache den Schluss.[62]

Sylphen sind die Elementargeister der Luft. Sie halten sich im Blütenbereich der Pflanzen auf und führen die Bienen zu ihnen hin. Auf Bildern sind sie häufig als libellen- oder schmetterlingsartige Wesen mit Flügeln dargestellt, ätherisch zart und von großer Schönheit.

Sie künden von der sonnendurchdrungenen Formkraft frühsommerlicher Luft.

Die zweite Hierarchie – Dynameis, Exusiai (hebr. Elohim), Kyriotetes

Die Exusiai (Gewalten, Geister der Form), Dynameis (Mächte, Geister der Bewegung) und Kyriotetes (Herrschaften, Geister der Weisheit) beschreibt Dionysios mit folgenden Worten:

> «Die *Herrschaften* (κυριότητες) erfreuen sich eines jeder Knechtschaft entrückten Herrschertums, streben stets zur Urquelle aller Herrschaft empor und bilden nicht nur sich selbst darnach um, sondern ziehen auch die untern Chöre zu ihr hinauf.
>
> Die *Mächte* (δυνάμεις) besitzen eine unerschütterliche Mannhaftigkeit und Aufnahmsfähigkeit für die göttlichen Erleuchtungen. Im steten Hinblick auf die göttliche Urmacht stellen sie deren Bild in sich selbst her und führen die tieferen Chöre zu ihr empor.
>
> Die *Gewalten* (ἐξουσίαι) bilden eine unverwirrbare Ordnung für die Aufnahme des Göttlichen, missbrauchen nie ihre Kräfte zu niederen Zwecken, sondern erschwingen sich unbehindert zu Gott und fördern die tief erstehenden Chöre in der gleichen Richtung.
>
> Auf diese Weise vollzieht sich für die zweite Triade die Reinigung, Erleuchtung und Vollendung, indem die göttlichen Strahlen durch Vermittlung der ersten Triade auf sie übergeleitet werden.»

Das erschließt sich nicht ohne Weiteres. Eine wesentliche Hilfe gibt jedoch die Gruppe 69, 70 und 71 der *Anthroposophischen Leitsätze*, in denen Rudolf Steiner über die Wirkensweise und -bereiche der Hierarchien eine übersichtliche Darstellung gegeben hat.[63]

69. *Die dritte Hierarchie offenbart sich als ein rein Geistig-Seelisches.* Sie webt in dem, was der Mensch auf seelische Art ganz innerlich erlebt. Weder im Ätherischen noch im Physischen könnten Vorgänge entstehen, wenn nur diese Hierarchie wirkte. Seelisches könnte allein da sein.

70. Die zweite Hierarchie offenbart sich als ein Geistig-Seelisches, das im Ätherischen wirkt. *Alles Ätherische ist Offenbarung der zweiten Hierarchie.* Sie offenbart sich aber nicht unmittelbar im Physischen. Ihre Stärke reicht nur bis zu den ätherischen Vorgängen. Es würde nur Seelisches und Ätherisches bestehen, wenn nur dritte und zweite Hierarchie wirkten.

71. *Die stärkste, erste Hierarchie offenbart sich als das im Physischen geistig Wirksame.* Sie gestaltet die physische Welt zum Kosmos. Die dritte und zweite Hierarchie sind dabei die dienenden Wesenheiten.

Die nächste Leitsatzgruppe 72 bis 75 erläutert diesen Zusammenhang weiter:

72. Sobald man an die höheren Glieder der menschlichen Wesenheit: den ätherischen, astralischen Leib und die Ich-Organisation herantritt, ist man genötigt, das Verhältnis des Menschen zu den Wesen der geistigen Reiche zu suchen. Nur die physische Leibesorganisation kann von den drei physischen Naturreichen aus beleuchtet werden.

73. Im Ätherleibe gliedert sich dem Menschenwesen die Intelligenz des Kosmos ein. Dass dies geschehen kann, setzt die Tätigkeit von Welt-Wesen voraus, die in ihrem Zusammenwir-

ken den menschlichen Ätherleib so gestalten wie die physischen Kräfte den physischen.

74. Im Astralleibe prägt die geistige Welt dem Menschenwesen die moralischen Impulse ein. Dass diese in der menschlichen Organisation sich darleben können, ist von der Tätigkeit solcher Wesen abhängig, die das Geistige nicht nur denken, sondern wesenhaft gestalten können.

75. In der Ich-Organisation erlebt der Mensch im physischen Leib sich selbst als Geist. Dass dies geschehen kann, ist die Tätigkeit von Wesen notwendig, die selbst als geistige in der physischen Welt leben.

Auf diese Leitsätze lässt Rudolf Steiner einen Aufsatz folgen, der darstellt, wie mit ihnen umzugehen ist. Sie wollen eine Anregung zu einer einheitlichen Gestaltung des Inhaltes anthroposophischen Wirkens in den über die Welt verstreuten Arbeitsgruppen sein.

In den Vortragszyklen (in denen die Mehrzahl der etwa sechstausend gehaltenen Vorträge veröffentlicht ist) werde man den Stoff finden, um die Leitsätze zu erläutern. Dort könnten Gesichtspunkte gefunden werden. Die Leitsätze selbst können helfen, die Inhalte in einer gewissen Anordnung vorzubringen.

«Alles das im Weltenwerden, was also jetzt umfassender ist, womit unser Ätherleib ebenso zusammenhängt wie unser astralischer Leib mit dem geschichtlichen Leben der Menschheit, das wird geschaffen und gebildet von den Wesenheiten der zweiten Hierarchie, von den Exusiai, Dynameis, Kyriotetes. Also ich werde, um dies zu veranschaulichen, sagen: Von den Wesenheiten der zweiten Hierarchie wird alles dasjenige gemacht, was in den menschlichen Ätherleib hineinwirkt.

Aber dadurch ist wieder etwas anderes gegeben. Wenn Sie des Morgens aufwachen und untertauchen in Ihren Ätherleib, dann tauchen Sie eigentlich ein in das Geschöpf der Wesenheiten der zweiten Hierarchie. Und Sie tauchen auch in Ihren physischen Leib unter. Von diesem physischen Leib, den das Mysterienwesen daher den Tempel des Menschen nennt, ist das, was die äußerliche Anatomie und Physiologie zutage fördert, eben wirklich nur die alleralleräußerste Hülle. Von diesem ungeheuren Wundergebilde des menschlichen physischen Leibes bekommt man nur einen Begriff, wenn man weiß: Er ist das Geschöpf des Zusammenwirkens der Wesenheiten der ersten Hierarchie. Wenn Sie des Morgens beim Aufwachen untertauchen in Ihren physischen Leib, so tauchen Sie eigentlich in das Werk höchster Hierarchien unter.

Also denken Sie, wie im Leben die Dinge verteilt sind: Hier zwischen Geburt und Tod, wenn wir wachen, tauchen wir unter zunächst in unseren astralischen Leib, in dem wirksam ist das geschichtliche Leben der Menschheit. Wir tauchen aber auch unter in unseren Ätherleib, das Geschöpf der zweiten Hierarchie, in dem wirksam ist vieles vom Kosmos, das ätherische Leben des Kosmos. Und wir tauchen unter in unseren physischen Leib, der die Schöpfung ist der Wesenheiten der ersten Hierarchie. Und wenn wir leben zwischen dem Tod und einer neuen Geburt, dann leben wir nicht mit dem Geschöpf, sondern mit den Schöpfern selber.»[64]

Weitere Einzelheiten über die Begegnung mit den Wesen der zweiten Hierarchie nach dem Tod werden in einer Darstellung am 2. März 1924 mitgeteilt:

«... wenn wir durch die Pforte des Todes gegangen sind ... treffen wir die Seelen der abgeschiedenen Menschen, die mit uns auf der Erde gelebt haben, da treffen wir aber vor allen Dingen die geistigen Wesenheiten dieser zweiten Hierarchie;

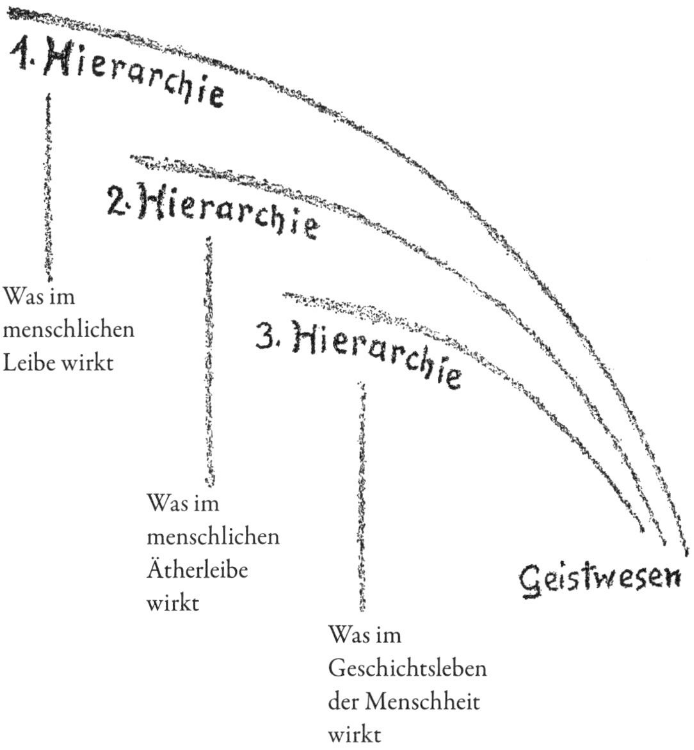

allerdings auch die dritte Hierarchie, aber wichtiger ist die zweite Hierarchie. Mit ihnen zusammen arbeiten wir in der Zeit zwischen dem Tode und einer neuen Geburt an allem dem, was wir im Erdenleben gefühlt haben, was wir da in unsere Organisation hineinversetzt haben. Wir arbeiten im Vereine mit den Wesenheiten dieser zweiten Hierarchie das nächste Erdenleben aus.»[65]

In den *Leitsätzen* werden schließlich die Wege zum Verständnis der Hierarchien zusammengefasst und für alle drei Hierarchien dargelegt:

76. Will man eine Vorstellung der ersten Hierarchie (Seraphim, Cherubim und Throne) hervorrufen, so wird man darnach suchen müssen, Bilder zu gestalten, in denen Geistiges (nur übersinnlich Schaubares) in den Formen sich wirkend offenbart, die in der Sinnenwelt zur Erscheinung kommen. Geistiges in sinnenfälliger Bildlichkeit muss Inhalt der Gedanken über die erste Hierarchie sein.

77. Will man eine Vorstellung der zweiten Hierarchie (Kyriotetes, Dynameis, Exusiai) hervorrufen, so wird man darnach suchen müssen, Bilder zu gestalten, in denen Geistiges nicht in sinnenfälligen Formen, sondern auf rein geistige Art sich offenbart. Geistiges in nicht sinnenfälliger, sondern rein geistiger Bildlichkeit muss der Inhalt der Gedanken über die zweite Hierarchie sein.

78. Will man eine Vorstellung der dritten Hierarchie (Archai, Archangeloi, Angeloi) hervorrufen, so wird man darnach suchen müssen, Bilder zu gestalten, in denen Geistiges nicht in sinnenfälligen Formen, aber auch nicht auf rein geistige Art, sondern so sich offenbart, wie Denken, Fühlen und Wollen in der menschlichen Seele sich darleben. Geistiges in seelenhafter Bildlichkeit muss der Inhalt der Gedanken über eine dritte Hierarchie sein.[66]

Ein erprobter Weg zum Verständnis des Wirkens der zweiten Hierarchie liegt in der goetheanistischen Naturanschauung vor. Das wird in einem 1912 in Helsinki gehaltenen Vortrag auf anschauliche Weise besprochen:

«Wenn der hellsichtige Blick [...] sich richtet auf alles, was um uns herum in der Natur geformt ist, und wenn er absieht von allem Übrigen bei den Wesenheiten und nur auf die Formen sieht, [...] dann nimmt dieser hellsichtige Blick aus der

Gesamtheit der Wesenheiten der zweiten Hierarchie diejenigen wahr, welche wir nennen Geister der Form, Exusiai. [...]

Wenn wir uns anregen lassen von dieser Betrachtung des Werdens der Lebewesen: wie die Formen wechseln, wie sie in lebendiger Metamorphose sind, dann tritt uns für den hellseherischen Blick der zweiten Stufe das entgegen, was wir die Kategorie der Geister der Bewegung nennen, die Dynamis.

Schwieriger ist es nun, eine dritte Kategorie von solchen Wesen der zweiten Hierarchie zu betrachten. Da müssen wir weder die Form als solche noch auch die Bewegung, die Veränderung der Form, sondern dasjenige betrachten, was in der Form sich ausdrückt. [...]

Das hellseherische Bewusstsein muss sich zuerst erziehen an der Art und Weise, wie der Mensch selber in seiner äußeren Form zum Ausdruck wird für sein Inneres. [...] Da wird man aber nichts erreichen als ein Ahnen, als ein Vermuten dessen, was hinter der Miene, hinter der Geste, hinter dem Gesichtsausdruck, hinter der Physiognomie des Menschen ist. Wenn aber der hellseherische Blick, der sich schon bis zur zweiten Stufe des Hellsehers geschult hat, wenn der die Physiognomie, die Geste, den mimischen Ausdruck beim Menschen auf sich wirken lässt, dann ruft er in sich Anregungen hervor, durch die er sich allmählich erziehen kann, die Wesenheiten der dritten Kategorie der zweiten Hierarchie [Geister der Weisheit, die Kyriotetes] zu beobachten. [...]

Aber wichtig ist, dass, nachdem man sich hellseherisch ein wenig dazu erzogen hat, aus der Mimik, aus der Physiognomie, aus dem Gestus eines Menschen in das Innere seiner Seele sich hineinzuleben, nachdem man sich so erzogen hat am Menschen, man dann sich zu der Pflanzenwelt wendet und an der Pflanzenwelt sich weiter erzieht. [...]

Wenn wir den Gestus, die Physiognomie der Pflanzenwelt und in der Farbe der Blüte etwas wie Physiognomik empfinden, dann belebt sich der okkulte innere Blick, die okkulte Wahrnehmung und das okkulte Verständnis, und wir erkennen dann eine dritte Kategorie von Wesenheiten der zweiten Hierarchie, die wir nennen die Geister der Weisheit. Dieser Name ist vergleichsweise gewählt aus dem Grunde, weil, wenn wir einen Menschen betrachten in seiner Mimik, in seiner Physiognomie, in seinen Gesten, wir sein Geistiges, sein Weisheitsvolles nach außen sprießen sehen, sich darleben sehen. So fühlen wir, wie geistige Wesenheiten der zweiten Hierarchie alle Natur durchdringen und sich in der Gesamtphysiognomie, in dem Gesamtgestus, in der gesamten Mimik der Natur zum Ausdruck bringen. Flutende Weisheit geht lebensvoll durch alle Wesen, alle Reiche der Natur, und nicht bloß eine allgemein flutende Weisheit, sondern differenziert ist diese flutende Weisheit in eine Fülle von geistigen Wesenheiten, in die Fülle der Geister der Weisheit. Es ist, wenn das okkulte Bewusstsein sich hinauferhebt zu diesen Geistern, zunächst die höchste Stufe dieser geistigen Wesenheiten, die wir auf diese Art erreichen. [...] Die geistigen Wesenheiten nun, welche da von der zweiten Hierarchie abgespalten werden und sich heruntersenken in die Reiche der Natur, das sind diejenigen Wesenheiten, welche wir im Okkultismus bezeichnen als die Gruppenseelen der Pflanzen, der Tiere, die Gruppenseelen in den einzelnen Wesenheiten. [...]

So dringen wir von unten hinauf in die höheren Welten, finden, wenn wir die Elemente überblicken, die wichtig sind für alle Wesenheiten des Pflanzen-, des Tierreichs, des Menschenreichs, dass in diesen Elementen, im Festen, im Flüssigen, im Gasförmigen, die Naturgeister walten, die da Nachkommen sind der Wesenheiten der dritten Hierarchie. Wir finden, wenn wir von den Elementen Erde, Wasser, Luft aufsteigen zu dem, was mithilfe dieser Elemente lebt in den Naturreichen, geistige Wesenheiten, die belebend durchdringen die Wesenheiten dieser Naturreiche, Gruppenseelen, und diese Gruppenseelen sind abgespaltene geistige Wesenheiten derjenigen, die wir als die Wesenheiten der zweiten Hierarchie kennen. [...]

Also wohlgemerkt, diese Wesenheiten der zweiten Hierarchie können so etwas wie ein Abbild von sich schaffen, das aber bleibt mit ihnen verbunden, und es kann sich nicht von ihnen trennen. [...] Wo die Wesen der zweiten Hierarchie schaffen, da müssen sie, damit ihr Geschaffenes nicht zugrunde gehe, bei dem Geschaffenen bleiben.»[67]

Wasser als Bild resignativer Kräfte

Die nachstehende Fotografie zeigt mit den Elementen von Wärme, Licht, Luft und Wasser die im Laufe der Evolution aufgetretenen Verdichtungsstufen.

Nach den Worten Rudolf Steiners durchdringen die Wesenheiten der zweiten Hierarchie alle Natur und bringen sich in der physiognomischen Erscheinung, dem Gesamtgestus, der Mimik der Natur zum Ausdruck. «Flutende Weisheit geht lebensvoll durch alle Wesen, alle Reiche der Natur, und nicht bloß eine allgmein flutende Weisheit, sondern differenziert ist diese flutende Weisheit in eine Fülle von geistigen Wesenheiten, in die Fülle der Geister der Weisheit.»[68]

Dabei können unterschiedliche Wirkensschichten unterschieden werden: In den Formen der Natur, ganz gleich, ob es sich um Formen mineralischer, lebendiger oder seelischer Art handelt, kann die Wirksamkeit der Geister der Form, der Exusiai wahrgenommen werden. Auf der nächst höheren Ebene gilt es, die Entwicklung des Geformten in wechselnden Erscheinungsformen zu erkennen.

Wenn das Werden der Lebewesen, die sich wandelnden Formen, ihre Entwicklung in lebendiger Metamorphose aufgefasst wird, dann tritt in den geistigen Blick, «was wir die Kategorie der Geister der Bewegung nennen, die Dynamis».[69]

Nach dem Erfassen von Form und Bewegung stellt das Ver-

Das Aufschlagen eines Wassertropfens auf eine Wasserfläche zeigt in Tropfenbildung und Wellenbewegung die Formkraft, Elastizität und Mimik des Wassers.

Elastizität und Oberflächenspannung – Bewegung und Form – können beim Entstehen eines Wassertropfens beobachtet werden.

Mit zunehmender Kälte wird die Formtendenz des Wassers stärker. Im Winter treten «Eisblumen» und «Schneekristalle» auf.

Eisblumen an einer Seifenblase auf einer Glasplatte bei – 16 °Celsius

Schneeflocken unter dem Mikroskop

ständnis für die dritte Ebene der zweiten Hierarchie noch höhere Anforderungen.

Dafür gilt es, nicht allein die Form als solche, noch auch ihren Wandel zu bemerken, sondern dasjenige zu erkennen, was sich in ihnen wesenhaft ausdrückt. Im Gestus, in der Physiognomie der Naturerscheinungen können die Geister der Weisheit, die Kyriotetes empfunden werden.

Das Wasser zeigt auf eigentümliche Weise alle drei mit den Wesen der zweiten Hierarchie verbundenen Eigenschaften. Es ist die einzige chemische Verbindung auf der Erde, die in der Natur als Flüssigkeit, Festkörper und Gas vorkommt.

Die «Gesichter» des Wassers

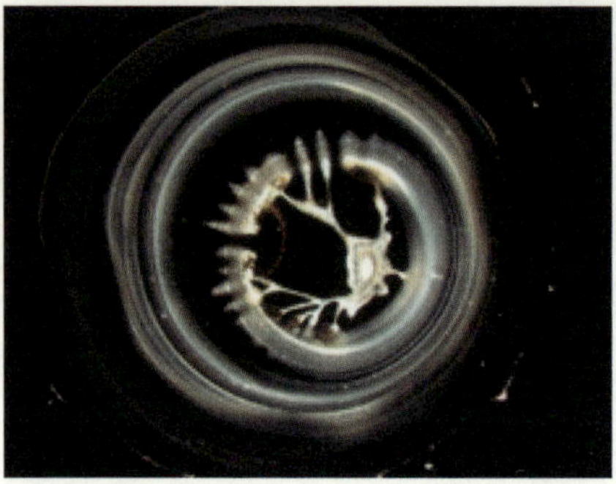

Bodenseewasser

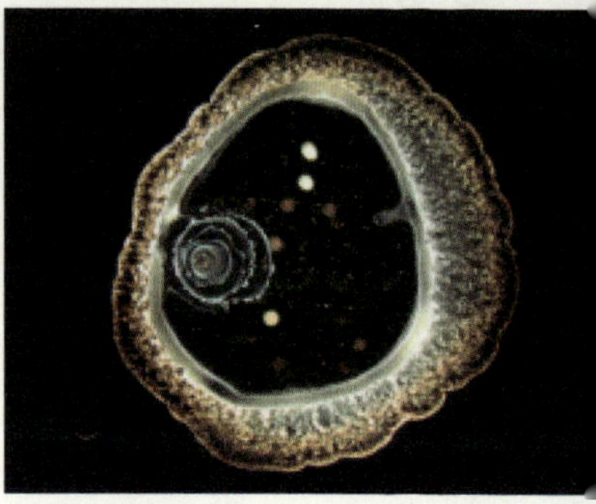

Rheinwasser

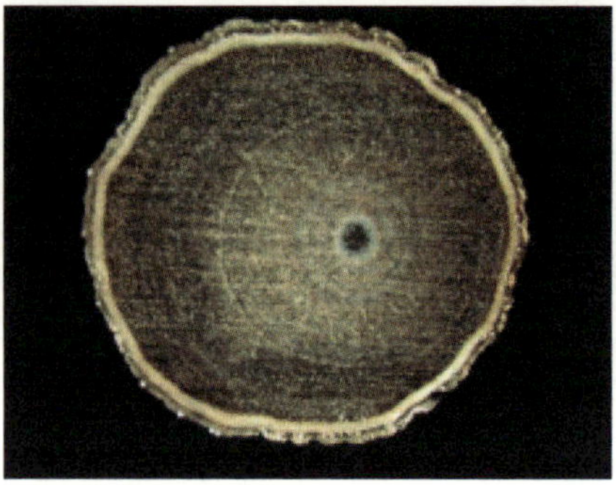

Heilquelle Bad Mehrn

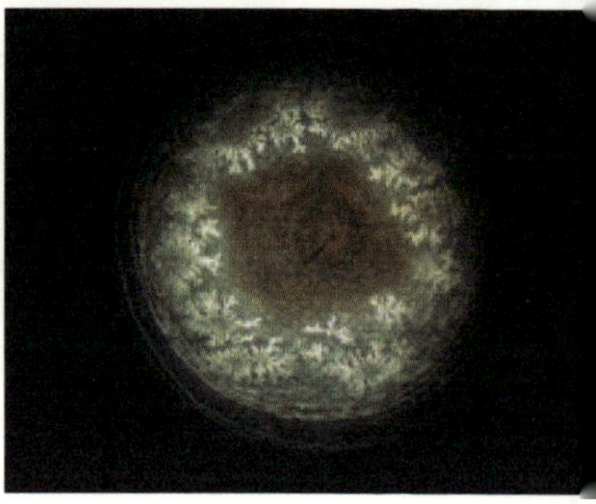

Fiemofredo

Verschiedentlich wurden zur Feststellung unterschiedlicher Wasserqualitäten Untersuchungen an Tropfbildern gemacht. Wasser einer bestimmten Quelle wurde dabei unter standardisierten Bedingungen auf einen Glasträger getropft, getrocknet und mikrosokopisch untersucht.

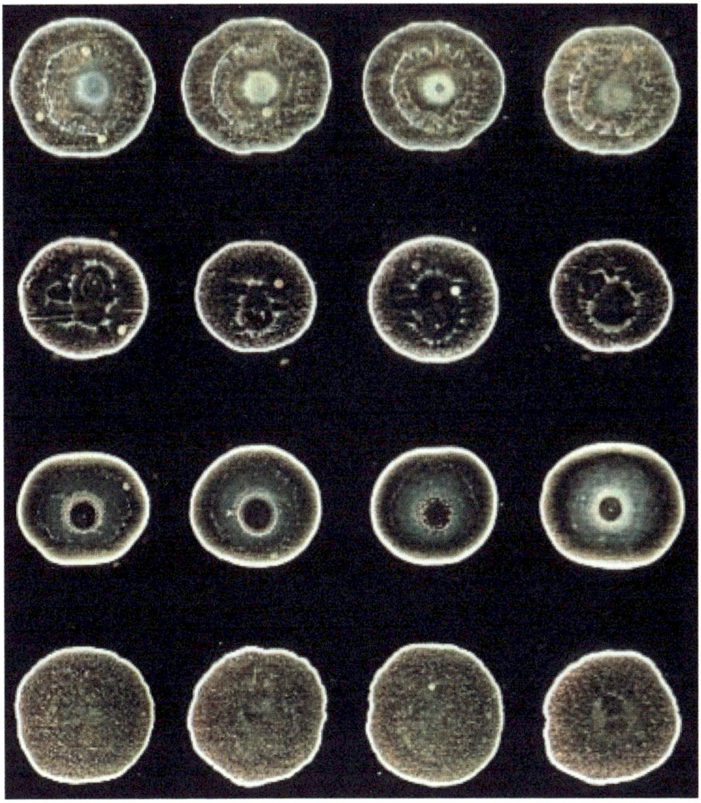

Mehrere Personen erzeugen zur gleichen Zeit ein Tropfbild. Sie sind am gleichen Ort und halten mehr als 1,5 Meter Abstand voneinander. Jede Person produziert ein anderes, aber ähnliches Bild.

Zusammenfassend lässt sich sagen, dass Wasser unter den vier Elementen am deutlichsten eine Mittelstellung zwischen Starrheit und Beweglichkeit, Festem und Entwicklung, Leichtem und Schwerem, Veränderung und Beharrung, Geformtem und Übergänglichem besitzt.

Es hat eine hohe Anpassungsfähigkeit und vermag sich doch gleichmäßig abzugrenzen. Es kann genutzt werden, um Druck sowohl abzufedern als auch aufzubauen, zu verstärken und nach allen Richtungen weiterzuleiten.

Aus diesen Eigenschaften haben sich mit der Hydrodynamik und Hydraulik spezielle mit dem Flüssigen zusammenhängende Wissenschaften und Techniken ergeben. Seine Eigenschaft, andere Stoffe lösen und verbinden zu können, bildet ein Zentrales der Chemie.

In der Weltentwicklung spielt es eine herausragende Rolle. Wasser gilt als Element des Lebens und stellt gegenüber dem Licht, der Wärme und der Luft eine dritte Verdichtungsstufe dar. Es kann sich jedoch nichts entwickeln, was nicht zunächst initiiert und subtantiiert worden ist. Mit allem muss ein Anfang gemacht werden, damit es sich weiterentwickeln, mit ihm gearbeitet werden kann.

Gerade da liegt in vielfach differenzierter Weise die Tätigkeit der Hierarchien. Wer den Anfang macht, trägt etwas zum Entstehungsprozess bei – schenkt, stiftet oder opfert etwas für das weitere Geschehen. Das kann aufgenommen, verwandelt und weitergebracht werden.

Im Zusammenhang mit dem Auftreten des Wassers auf dem «alten Mond» gebraucht Steiner verschiedene Ausdrücke, die das Entstehungsgeschehen von Wasser nuanciert charakterisieren. In der Vortragsreihe *Die Evolution vom Gesichtspunkt des Wahrhaftigen* bezeichnet er den Vorgang sowohl als «Opfer», «Verzicht», «Zurückweisung» oder auch als «Resignation».[70]

Immer geht es dabei um die Entsagung einer höheren Hierarchie gegenüber einem Verdienten, Gerechtfertigten, einer Belohnung oder Anerkennung seitens einer niedrigeren Hierarchie.

Die verwendeten Worte zeigen dabei höchst unterschiedliche Sinngehalte. Verzicht und Zurückweisung können wie Gegensätze wirken. Das Gemeinsame der verschiedenen Benennungen liegt in der Verfügbarkeit für andere.

Mit Resignation ist kein depressiver Gemütszustand gemeint, sondern eine Haltung des Verzichts aufseiten der Entwicklung voranbringenden Geister.

So, wie Eltern und Pädagogen zum Zeitpunkt der Mündigkeit lernen müssen, auf ihre «Herrschaft» zu verzichten und der Selbstständigkeit der jungen Menschen zuliebe von angestammten Rechten zurückzutreten, so ziehen sich die Geister der ersten Hierarchie diskret in das hintergründig Wirkende zurück, um freie Entwicklungsschritte zu ermöglichen.

Dieser Vorgang wird in den Eigenschaften von Wasser nachvollziehbar.

Unter den Elementen zeigt das Wasser eine besondere Qualität. Es kann sanft, labend, erfrischend, bedrückend und erstickend sein. Erst wenn es durch äußere Einflüsse oder lebensfeindliche Verhältnisse dazu getrieben wird, steigert es sich zu der unvorstellbaren Gewalt, die in ihm schlummert.

Formkraft, Wandlungsfähigkeit und Wesensausdruck sind die Signaturen von Exusiai, Dynameis und Kyriotetes. Im Wasser kann ihr Wesen vielfältig zur Erscheinung kommen.

Konkrete Schilderungen in den Vorträgen über die *Evolution vom Gesichtspunkt des Wahrhaftigen* lauten:

«Was nun Resignation ist, das erscheint in der äußeren Maja als Flüssigkeit, als Wasser. Wasser ist Maja, und es wäre nicht da in der Welt, wenn nicht geistig zugrunde läge Verzicht oder Resignation. Überall, wo Wasser ist in der Welt, ist Götterverzicht! [...] Wasser ist eigentlich in Wahrheit Resignation.»[71]

«Wenn uns das Feuer reinster Opfersinn war – und überall, wo uns Feuer oder Wärme entgegentritt, liegt spirituell dahinter Opferung –, wenn wir hinter allem, was als Luft ausgebreitet ist um unsere Erde herum, schenkende oder spendende Tugend, hinströmende Tugend in Wahrheit fanden, wenn wir charakterisieren konnten das fließende Wasser, also Flüssigkeit als Element, als spirituelle Resignation oder Verzicht, so müssen wir das Element der Erde, das allein der Träger des Todes werden kann – denn der Tod würde nicht da sein, wenn das Element der Erde nicht da wäre –, als dasjenige charakterisieren, was abgespalten worden ist von seinem Sinn durch den Verzicht. Jetzt haben Sie förmlich konkret irgendetwas, wo sich aus Flüssigem Festes bildet. Denn das spiegelt in einer gewissen Weise auch einen spirituellen Prozess. Stellen wir uns vor, es gliedert sich ein in die Wassermasse eines Teiches Eis, das Wasser also wird fest. In Wahrheit liegt da nichts anderes zugrunde, als dass dasjenige, was das Wasser zu Eis werden lässt, es abschnürt von dem Sinn des Wassers. Da haben Sie das Spirituelle des Festwerdens, das Spirituelle des Erde-Werdens. Denn in Bezug auf die Charakteristik der vier Elemente ist das Eis ebenfalls ‹Erde› und nur das Flüssige ‹Wasser›. – Eine Abschnürung von seinem Sinn ist das, was wir Tod nennen können, und das, worin der Tod sich darstellt, sich auslebt, das ist das Element der Erde.»[72]

Die erste Hierarchie – Throne, Cherubim, Seraphim

In dem von Dionysios Areopagita geschilderten Stufenbau der Hierarchien fällt die Gliederung in drei mal drei Wesensstufen auf, die von einer unteren bis zu einer höchsten Stufe aufsteigt, wobei jede Ebene in sich noch einmal hierarchisch gegliedert ist. Der Ausdruck «Hierarchie» und sein Adjektiv «hierarchisch» werden geradezu synonym für das Prinzip der Rangfolge angesehen.

Der Aufstieg vom Niedrigeren zum Höchsten erscheint jedoch dem ordnenden Verstand einfacher, als er seinem Wesen nach ist. Es verhält sich damit ähnlich wie mit dem Verständnis vom Stufenbau der Wesensglieder des Menschen.

Häufig wird als das Basale – und damit scheinbar Niedrigste – des Menschen sein physischer Leib angesehen. Im Wortgebrauch «Körper» kommt das verstärkt zum Ausdruck, denn die Bezeichnung «physischer Körper» klingt ähnlich wie «Ding» oder «Gegenstand». Damit klingt etwas gegenständlich zu Fertigendes an, das verfügbar gemacht, gebraucht und entsorgt werden kann.

Diese Auffassung hat ihren Niederschlag im modernen Medizinverständnis gefunden, wo Sterbende als «Ersatzteillager» genutzt werden, um verwendbare Teile zu entnehmen, Fehlendes künstlich zu produzieren und den Körper als Mechanismus durch geeignete Reparaturmaßnahmen funktionsfähig zu halten.

Von dieser materiellen Ebene steigt die Wertschätzung des

heutigen Menschen dann über eine gewisse Bewunderung des vital-funktionellen Lebensorganismus zur Selbsterfüllung des seelischen Lebens mit seinen Bewusstseinsfähigkeiten auf.

Die Krone des Menschseins erlebt der Zeitgenosse schließlich im «Ich», dessen Wesen ihm jedoch über die Realisierung seines «Ego» hinaus wenig klar ist.

Anthroposophisches Menschenverständnis zeigt jedoch, dass die Rangordnung der geistigen Wesen gerade reziprok, d. h. umgewendet verstanden werden kann.

Die unterste – dritte – Triade lebt im Denken, Fühlen und Wollen des Menschen.

Die mittlere – zweite – Triade lebt in der geistigen Wesensäußerung von Form, Entwicklung und Physiognomik.

Die oberste – erste – Triade wirkt in der Verwirklichung des Menschen bis in die Stofflichkeit und wahre Ich-Bildung hinein. Erst durch diese Tiefenwirkung können sich die Absichten der Schöpfung offenbaren, die im Werden einer zehnten Hierarchie liegen.

Dieser Zusammenhang wird aus den Darstellungen des Dionysios Areopagita nicht ohne Weiteres deutlich. Seine Schilderungen muten immer ein wenig abstrakt an. Dem Gang durch die Hierarchien haftet bei ihm etwas Nominelles an. Er beschreibt einen Lauf zu immer Höherem, Wunderbarerem, Unglaublichem, Erhabenerem, Lichtvollem, der die Verbindung zum Leben verliert.

Das hängt aber mit der eingangs geschilderten «doppelten Theologie» des Dionysios zusammen. Er war der Ansicht, dass bereits das Wissen um ihre Namen zu den Engelwesen erhebe.

Rudolf Steiner war allerdings der Auffassung, dass ohne ein erlebendes Verstehen die behandelten Themen fremd bleiben müssen.

Bei Dionysios Areopagita heißt es:

«Die Benennung ‹Seraphim› deutet auf das Bewegliche, Glühende dieser Engelnaturen, welche nach Art des Feuers die tiefer stehenden Wesen ebenfalls erglühen machen, reinigen und jegliches Dunkel verscheuchen.

Der Name ‹Cherubim› bezeichnet die Fülle der Erkenntnis Gottes, die höchste Aufnahmefähigkeit hierfür und das Vermögen, von diesem Licht mitzuteilen.

Der Name ‹Throne› gibt zu verstehen, dass die also genannten Engel über alles Niedrige erhöht und dem Höchsten unentwegt zugesellt sind, dass sie der Einkehr Gottes gewürdigt und ‹Gottesträger› (θεόφοροι) sind, die für die göttlichen Erleuchtungen die ehrfurchtsvollste Empfänglichkeit zeigen.»

Durch diese Eigenschaften sind die Seraphim, Cherubim und Throne die einzigen geistigen Wesen, welche den Anblick der göttlichen Trinität aus Vater, Sohn und Heiliger Geist ertragen können. Nach der oben (S. 75 ff.) bereits wiedergegebenen Schilderung der «Offenbarung des Johannes» ist das Wesen der ersten Hierarchie das einer fortwährenden Verklärung der göttlichen Trinität.

Für die Beschreibung der Engel bedient sich Johannes Worten und Bildern der irdischen Welt. Es ist die Rede von Diamanten, Karneolen und Smaragden, von Blitzen, Donnergrollen und Donnerschlägen, von Wesen, die hinten und vorne mit Augen bedeckt sind, von sechsflügeligen Wesen mit Löwen-, Stier-, Menschen- und Adlergestalt. Wenngleich die Komposition kaum als die Beschreibung eines irdischen Lebensraumes aufgefasst werden kann, ist sie doch in Vorstellungselemente des diesseitigen Lebens gekleidet.

Auf diesen Umstand nimmt die früher zitierte Mahnung des Dionysios (S. 36 f.) Bezug, er müsse hier Aufklärung leisten, «damit wir nicht auch gleich der (ungebildeten) Menge die unheilige Auffassung teilen, als wären die himmlischen und gottähnlichen Geister Wesen mit vielen Füßen und vielen Gesichtern und sie seien nach der tierischen Figur von Stieren oder nach der Raubtiergestalt von Löwen gebildet, oder sie seien nach dem Bilde der Adler mit einem Krummschnabel oder wie die (kleineren) Vögel mit einem struppigen Gefieder ausgestattet; damit wir nicht (sage ich) uns einbilden, es liefen da gewisse feurige Räder über den Himmel und es seien da Throne aus irdischem Stoff, welche der Urgottheit zum Zurücklehnen dienen, und es gäbe gewisse buntscheckige Pferde und speertragende Kriegsoberste und was sonst alles von der Schrift in heiliger Plastik durch die bunte Fülle der bedeutungsreichen Sinnbilder uns überliefert ist.»

Die Leitsätze geben eine Hilfe zum Verständnis der so rätselhaft erscheinenden Verhältnisse.

Im Leitsatz 71 wird gezeigt, wie durch die Tiefenwirkung der ersten Hierarchie eine Verbindung zur irdischen Welt entsteht und wie naheliegend es daher ist, dass sich geistige Charakterisierung und materielle Vorstellung vermischen.

«Die stärkste, erste Hierarchie offenbart sich als das im Physischen geistig Wirksame. Sie gestaltet die physische Welt zum Kosmos. Die dritte und zweite Hierarchie sind dabei die dienenden Wesenheiten.»

In Leitsatz 76 wird der Weg gebahnt, wie eine Annäherung an die Wesen der ersten Hierarchie gelingen kann:

«Will man eine Vorstellung der ersten Hierarchie (Seraphim, Cherubim und Throne) hervorrufen, so wird man darnach suchen müssen, Bilder zu gestalten, in denen Geistiges (nur übersinnlich Schaubares) in den Formen sich wirkend offenbart, die in der Sinnenwelt zur Erscheinung kommen. Geistiges in sinnenfälliger Bildlichkeit muss Inhalt der Gedanken über die erste Hierarchie sein.»

Noch deutlicher wird dieser Hinweis im Leitsatz 81, dem die weitere Darstellung folgen soll:

«An die erste Hierarchie (Seraphim, Cherubim, Throne) kann man geistig herantreten, wenn man die im Natur- und Menschenreich vorhandenen Tatsachen als die Taten (Schöpfungen) eines in ihnen wirkenden Geistigen erschaut. Die erste Hierarchie hat dann das Natur- und Menschenreich zu ihrer Wirkung, in der sie sich entfaltet.»

Hilfreich ist es auch, zu bedenken, was sich in der Lobpreisung der ersten Hierarchie ausspricht: «Heilig, heilig, heilig ist Gott, der Herr, der allmächtige Herrscher, er, der war, der ist und der kommt.»[73]

Ihre Worte und die Art der Darbietung sind Zeugnis einer vollkommenen Entrückung; Inhalt und Tätigkeit sind eins. Die erste Hierarchie nimmt zur Trinität weder die Rolle des Schutzes, der Begleitung, Beratung, Impulsierung, Reflexion noch der Kommentierung ein. Stattdessen identifiziert sie sich vollständig mit der dreifaltigen Gottheit und singt das Wesen der Schöpfungsmacht in Vergangenheit, Gegenwart und Zukunft. Sie selbst wird in vollkommener Selbstlosigkeit zum Environment des Göttlichen. Sie verwirklicht seine Intention, sein Wesen und Sein ohne distanzierenden Selbstbezug, aber auch ohne äußere Bindung in reiner Hingabe. Sein, Werden und Trachten sind eins in schöpferischer Entsagung. Rudolf Steiner nennt das eine Objektivierung ohne Ambition und Zwang. In den Vorträgen von Helsinki 1913 gibt er eine umfassende Schilderung ihres Wesens:

«Es ist außerordentlich schwierig, die Wesenheiten dieser höheren Kategorien zu charakterisieren, denn je weiter wir hinaufsteigen, desto unmöglicher wird es, Eigenschaften des gewöhnlichen Lebens heranzuziehen, um eine Charakteristik von der Höhe und Größe und Erhabenheit der Wesenheiten dieser Hierarchien zu erwecken. [...]

Was nun bei den Wesenheiten der zweiten Hierarchie Selbstschaffen ist, das tritt uns auch noch bei den Wesenheiten der ersten Hierarchie entgegen, wenn wir sie mit dem okkulten Blick betrachten, aber es ist doch ein Unterschied. Der Unterschied besteht nämlich darin, dass das, was die Wesenheiten der zweiten Hierarchie objektivieren, was sie aus sich heraus schaffen, so lange vorhanden bleibt, als diese Wesenheiten mit dem Geschaffenen verbunden bleiben. Also wohlgemerkt, diese Wesenheiten der zweiten Hierarchie können so etwas wie ein Abbild von sich schaffen, das aber bleibt mit ihnen verbunden, und es kann sich nicht von ihnen trennen. Es bleibt in einer gewissen Weise mit ihnen verbunden. [...]

Wo die Wesen der zweiten Hierarchie schaffen, da müssen sie, damit ihr Geschaffenes nicht zugrunde geht, bei dem Geschaffenen bleiben. Das Geschaffene würde tot sein und zerfallen, wenn sie nicht selber damit verbunden blieben. Es hat eine selbstständige, objektive Wesenheit, aber nur so lange, als das Wesen damit verbunden bleibt.

Dasjenige, was abgesondert wird aus den Wesenheiten der ersten Hierarchie heraus, davon können diese Wesenheiten der ersten Hierarchie weggehen, und dennoch bleibt es als etwas Selbstständiges, Objektives vorhanden. [...]

Bei der ersten Hierarchie, die da besteht aus den Thronen, Cherubim und Seraphim, da haben wir ein solches Schaffen, dass das Geschaffene abgesondert wird, da haben wir statt des Selbstschaffens Weltschaffen: Eine abgesonderte Welt wird das, was hervorgeht aus den Wesenheiten der ersten Hierarchie, eine solche selbstständige Welt, dass diese Welt Erscheinungen, Tatsachen zeigt, auch wenn die Wesenheiten nicht mehr dabei sind.»[74]

Es muss außerordentliche Schwierigkeiten bereiten, sich diese Eigenschaften vorzustellen. Denn sie bedeuten einen Willen ohne Eigenwillen, eine selbstlose Selbstheit, ein Schaffen zum Werden – nicht zum Gewordensein.

Das erscheint zunächst paradox, gibt aber exakt wieder, was im Lukasevangelium mit den Worten «Vater, willst du, so nimm diesen Kelch von mir; doch nicht mein, sondern dein Wille geschehe»[75] und bei Paulus als «Ich lebe, doch nun nicht ich, sondern Christus lebt in mir»[76] ausgesprochen wird.

Mit dem Wesen der ersten Hierarchie hängt es zusammen, dass der Mensch in seinem Werden zur Freiheit bestimmt ist. Es drückt sich darin die Absicht der Schöpferwesen aus, auf der Erde mit dem neuen «Menschen» eine zehnte Hierarchie zu schaffen. In Bezug auf die Menschwerdung ist die Erde die «zehnte Pforte» der Menschwerdung.

«Die ‹Geister der Persönlichkeit› sind ‹Menschen› auf dem Saturn. Sie haben als unterstes Glied nicht den physischen Leib, sondern den Astralleib mit dem Ich. Daher können sie die Erlebnisse dieses Astralleibes nicht in einem solchen physischen Leibe und Ätherleibe ausdrücken wie der gegenwärtige Mensch; aber sie *haben* nicht nur ein ‹Ich›, sondern *wissen* auch davon, weil ihnen die Wärme des Saturn dieses ‹Ich› rückstrahlend zum Bewusstsein bringt. Sie sind eben ‹Menschen› unter anderen als den Erdenverhältnissen.»[77]

Die Erdenverhältnisse des jetzigen Menschen unterscheiden sich davon. Ihnen gingen die Entwicklungsstufen des alten Saturn, der alten Sonne, des alten Mondes mit ihrer Verdichtung der elementaren Lebensbedingungen voraus.

Vom Werden dieser Entwicklung erzählt eine alte jüdische Legende:

«Und der Herr sprach in seinem Herzen: Soll ich den Menschen den Himmlischen gleich machen, so wird er ewig leben und nimmer sterben; mache ich ihn den Irdischen gleich, so wird er des Todes sein wie die Irdischen und wird vom ewigen Leben nichts wissen; ich will ihn also den Himmlischen und den Irdischen gleich machen; so er Sünde begeht, soll er des Todes sterben, so er aber gerecht ist, soll er ein ewiges Leben leben. [...]

Als der Herr den Adam geschaffen hatte, irrten sich die Engel und hielten den Menschen für Gott. Was tat der Herr? Er ließ einen Schlaf auf Adam fallen; da sahen die Engel, dass er nur ein Mensch war. [...]

Der Herr [...] wies [Adam] einen Raum zu, der inwendiger war als der, in dem die Engel saßen. [...]

Tag um Tag verrichtete der Herr seine Arbeit, und er schuf die ganze Welt mit all ihrem Heer, am sechsten Tage aber, welcher der letzte Tag seiner Arbeit war, an diesem bildete er den Menschen, und er sprach zu ihm: Bisher habe ich mich gemüht, von nun an mühe du dich.

Daher hat Gott Adam nach seinem Bild geschaffen, denn der Mensch sollte an der Welt bauen und in ihr die Arbeit verrichten, die vor ihm Gott verrichtet hatte. [...]

Als der Herr den Menschen geschaffen hatte, sprachen die Engel vor dem Herrn: Der Mensch, den du gemacht hast, was ist das für einer? Der Herr erwiderte ihnen: Seine Weisheit ist größer als eure. Und Gott brachte vor die Engel das Vieh, die Tiere und die Vögel und fragte von jedem Einzelnen: Dies hier, wie ist sein Name? Aber die Engel wussten nichts zu sagen. Da ließ der Herr die Tiere an dem Menschen vorüberziehen und fragte ihn nach dem Namen eines jeden. Da sagte der Mensch: Dies ist der Ochse, dies das Pferd, dies der Esel, dies das Kamel, dies der Adler, dies der Löwe, und er fuhr fort und nannte alle Tiere bei ihren Namen. Und du selbst, fragte ihn der Herr, wie heißest du mit deinem Namen? Da erwiderte der Mensch: Mir würde es geziemen, Adam zu heißen, denn von der Erde bin ich genommen. Und Gott fuhr fort und fragte weiter: Und ich, wie sollte ich mit meinem Namen heißen? Da erwiderte Adam und sprach: Dir gebührt es, HERR zu heißen, denn du bist der Herr aller Geschöpfe. [...]

Wie nun der Satan sah, dass der Herr den Menschen mit großer Weisheit gesegnet hatte, erhob er ein Geschrei bis zum Himmel. Da fragte der Herr ihn: Warum schreist du also? Der Satan erwiderte: Soll ich nicht schreien? Mich hast du von deiner Herrlichkeit erschaffen, den Menschen aber von der Erde Staub, und ihm hast du Weisheit und Vernunft gegeben.»[78]

Der Satan gibt damit zweierlei zu erkennen. Zum einen, dass er ein alter und zum anderen ein gefallener Engel ist. Er ist eifersüchtig auf den jüngeren Geist, der, obwohl von der Erde Staub geschaffen, mit Vernunft und Weisheit gesegnet ist, die ihm einst Freiheit und Souveränität verleihen werden.

Das Wirken der ersten Hierarchie in die irdische Existenz des Menschen hinein führt Rudolf Steiner an anderer Stelle weiter aus, indem er seine Zuhörer auf die dem Stoff innewohnenden geistigen Kräfte hinweist:

«Das, was [den gestaltbildenden] Stoffwechsel ausmacht, das liegt nicht in dem, was durch die gewöhnlichen Sinne aufgefasst wird von den Nahrungsmitteln, sondern das liegt in den

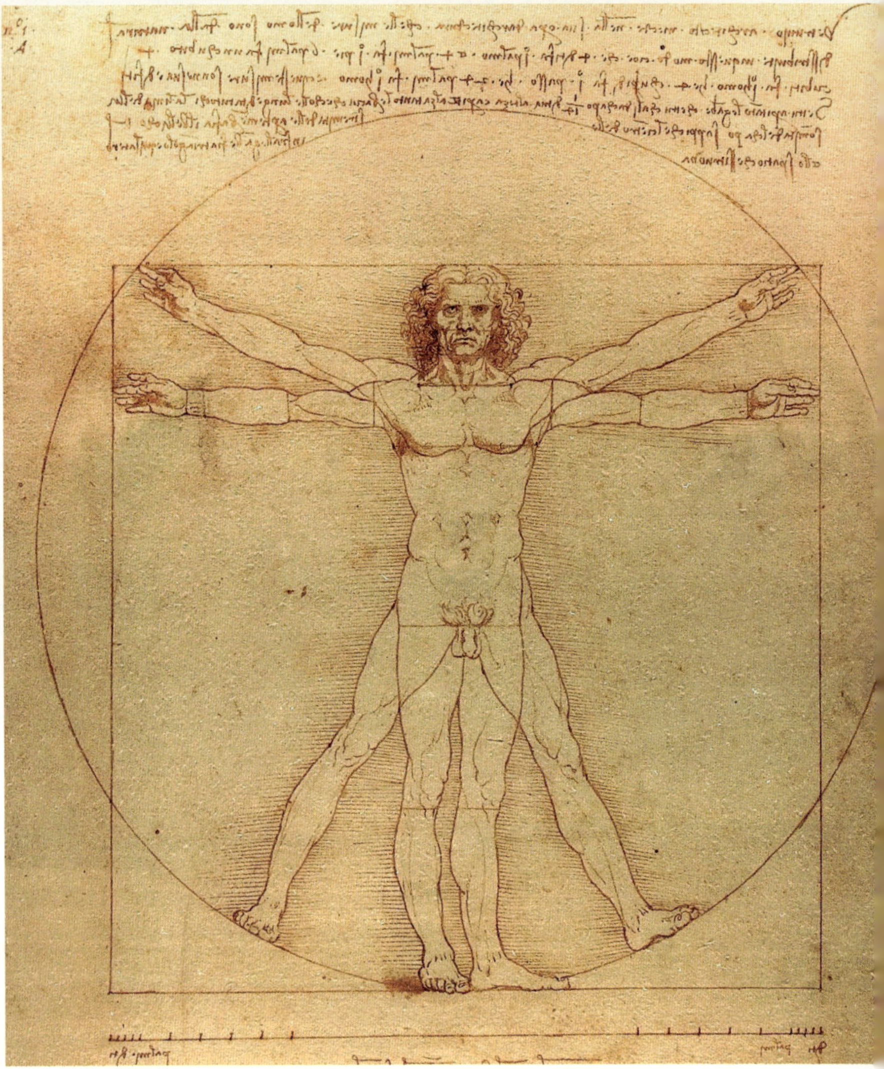

Die Herrlichkeit des Menschen kommt zum Beispiel in der von Leonardo da Vinci um 1490 angefertigten Zeichnung zum Ausdruck, die nach den von Vitruv(ius) formulierten und idealisierten Proportionen gestaltet wurde.

tieferen Kräften der Nahrungsmittel, die heute keine Chemie irgendwie an die Oberfläche bringt. Das, was der Mensch als Nahrungsmittel aufnimmt, das enthält eine tief geistige Seite, jene geistige Seite, die sich auch sehr stark im Menschen betätigt, aber nur, wenn er schläft. In dem, was Ihre Nahrungsmittel sind, leben nämlich die Geister der höchsten Hierarchien, die Seraphim, Cherubim, Throne. Ihre Nahrungsmittel haben eine äußere Seite, wenn Sie sie schmecken, wenn Sie sie auflösen in Pepsin oder Ptyalin; aber in diesen Nahrungsmitteln lebt etwas Weltgestaltendes, so weltgestaltend, dass in den Kräften, die da untersinnlich in den Nahrungsmitteln leben, die Impulse sind für den Zahnwechsel, für die Geschlechtsreife, für die spätere Metamorphose der menschlichen Natur.»[79]

Weitere Eigenschaften der ersten Hierarchie werden 1912 in Helsinki dargestellt:

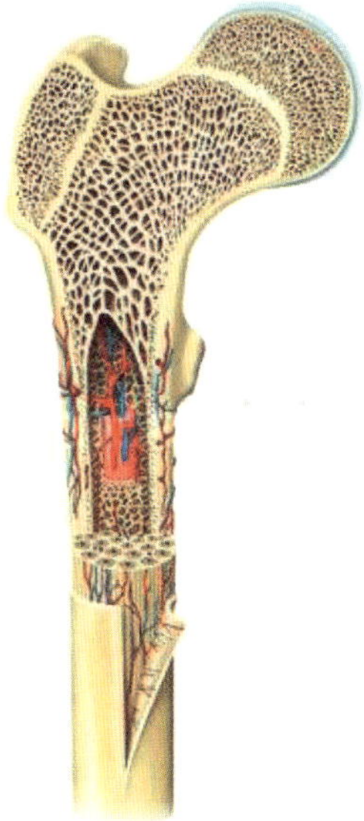

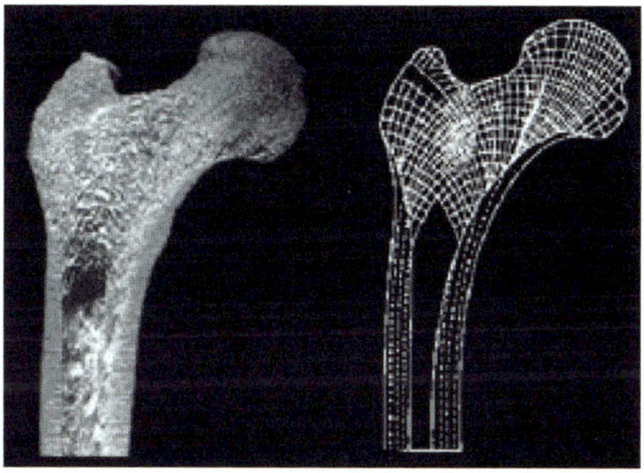

Die innere Struktur eines menschlichen Knochens zeigt seine ungeheuer komplexe und intelligente Struktur. Ihre mathematische Analyse führt zur Nutzung für technische Zwecke zum Beispiel in der Architektur oder beim Karosseriebau für Kraftfahrzeuge.

Mit der dritten Stufe der Hellsichtigkeit (Intuition) nehmen wir Wesenheiten der ersten Hierarchie wahr, «die Geister des Willens oder ... Throne. Wir nehmen dann Wesenheiten wahr, die wir nicht anders charakterisieren können, als indem wir sagen: Sie bestehen nicht aus Fleisch und Blut, auch nicht aus Licht oder Luft, sondern sie bestehen aus dem, was wir nur in uns selber wahrnehmen können, wenn wir uns bewusst werden, dass wir einen Willen haben. Sie bestehen in Bezug auf ihre niedrigste Substanz nur aus Wille. [...]

Menschen, welche auf uns einen solchen Eindruck machen, dass ihre Weisheit unpersönlich wirkt, dass ihre Weisheit wie die Blüte und Frucht eines reifen Lebens erscheint, die rufen in uns ein wenn auch nur ahnendes Empfinden von dem hervor, was [als Cherubim] aus unserer geistigen, aus unserer spirituellen Umgebung auf uns wirkt. [...]

Solche Weisheit, die nun nicht gesammelt ist in Jahrzehnten, wie die Weisheit hervorragender Menschen, sondern solche Weisheit, [...] die in Jahrmillionen des Weltenwerdens gesammelt ist, die strömt uns entgegen in erhabener Macht aus den Wesenheiten, die wir die Cherubim nennen.

Und noch schwieriger sind zu charakterisieren diejenigen Wesenheiten, die nun die erste, die höchste Kategorie der ersten Hierarchie ausmachen und die man die Seraphim nennt. [...]

Wie ein Blick, der am Leben herangereift ist, und wie Jahrzehnte von Erfahrungen sprechen oder wie ein Satz, der so ausgesprochen wird, dass wir nicht bloß seine Gedanken hören, sondern dass wir hören: Der Satz ist, indem er mit solchem Klange ausgesprochen wird, in Schmerzen und in Erfahrungen des Lebens errungen, er ist keine Theorie, er ist erkämpft, er ist erlitten, er ist durch Lebensschlachten und Siege in das

Spuren des Lebens in den Physiognomien der Künstlerin Maria Lai und Paulus des Emeriten des Isenheimer Altars von Matthias Grünewald.

Herz gegangen – wenn wir all das durch einen Unterton hören, dann bekommen wir einen Begriff von der Impression, welche der geschulte Okkultist hat, wenn er sich aufschwingt zu den Wesenheiten, die wir Seraphim nennen.»[80]

Das Leben der Seele ist Bild in Bildern

Um zu erklären, wie im menschlichen Vorstellungsvermögen ein Bild entsteht, wird häufig allein auf die Außenseite des Vorganges hingewiesen. Das ist gerade so, als würde man Vincent van Goghs «Sternennacht» mit der Quantität der verwendeten Farbpigmente erklären.

Das typische Denkmuster dieser Anschauungsweise kommt in folgender, Wikipedia entnommener Darstellung zum Ausdruck:

«Fototransduktion heißt die Überführung eines Reizes elektromagnetischer Strahlung in einen zellulären Effekt. Die Umwandlung eines Lichtreizes in ein Rezeptorpotenzial als physiologisches Signal bei Sinneszellen wird auch fotoelektrische Transduktion genannt. Die in den Fotorezeptoren der Netzhaut des Auges dabei ablaufende Prozessfolge kann als visuelle Signaltransduktionskaskade bezeichnet werden.»[81]

So leitet Wikipedia ihre Darstellung des hochkomplexen physiologischen Vorgangs physikalischer und elektrochemischer Abläufe ein, die sich beim Sehvorgang im Auge als Sehorgan und den angeschlossenen reizverarbeitenden organischen Strukturen des Nervensystems abspielen. Festzuhalten bleibt jedoch, dass der Übergang vom physiologischen, chemoelektrischen Signal zum vorgestellten Bild unberührt bleibt. Wikipedia setzt fort:

«Im Dunkeln erfolgt eine fortwährende Ausschüttung des Neurotransmitters Glutamat in den Fotorezeptoren. Dieser

Vincent van Gogh, Sternennacht / Farbpigmente

wirkt erregend auf die Postsynapsen von Horizontal- und Bipolarzellen. Durch die Schließung der Kationenkanäle in der Zellmembran des Fotorezeptors und der darauf folgenden Hyperpolarisation wird der Neurotransmitter Glutamat nicht weiter ausgeschüttet. In der Folge werden die hemmenden Ionenkanäle der Horizontal- und Bipolarzellen geschlossen. Dadurch können in den Ganglienzellen wieder Aktionspotenziale entstehen. Dieses ist das eigentliche elektrische Signal, das in der Netzhaut moduliert und schließlich ins visuelle Zentrum des Gehirns weitergeleitet wird.»[82]

Für den Laien fasst Wikipedia in ihrem Artikel über das Auge schließlich zusammen: «Das Auge ist ein Sinnesorgan zur Wahrnehmung von Lichtreizen. Es ist Teil des visuellen Systems und ermöglicht Tieren das Sehen. Die Aufnahme der Reize geschieht mithilfe von Fotorezeptoren, lichtempfindlichen Nervenzellen, deren Erregungszustand durch die unterschiedlichen Wellenlängen elektromagnetischer Strahlung aus dem sichtbaren Spektrum verändert wird. Bei Wirbeltieren gelangen diese Nervenimpulse über die Sehnervenbahnen zum Sehzentrum des Gehirns, wo sie schließlich zu einer optischen Wahrnehmung verarbeitet werden.»[83]

In der Lehrerfortbildung des Landes Baden-Württemberg wird der Sehvorgang vom Vokabular her nochmals leichter fasslich, vom Grundverständnis her aber in ähnlicher Weise beschrieben:

«Das ins Auge treffende Licht, egal, ob direkt von einer Lichtquelle ausgehend oder von Gegenständen reflektiert, gelangt durch Hornhaut, Linse und Glaskörper auf die Netzhaut und wird dort von den Stäbchen und Zapfen wahrgenommen. Die dadurch erzeugten Signale werden über den Sehnerv an das Gehirn weitergeleitet und dort als Sinneseindruck verarbeitet.

Unsere Fähigkeit, in der Nähe und in der Ferne liegende Dinge scharf zu sehen, hängt damit zusammen, dass sich die Wölbung der Linse verändern kann. Beim Blick in die Ferne ist die Wölbung der Linse relativ flach, schauen wir in die Nähe, wird die Krümmung stärker. Wir können also nicht gleichzeitig in die Nähe und in die Ferne scharf sehen, unser Gehirn steuert die Wölbungen der Linse ohne unser weiteres Zutun in Sekundenbruchteilen, sodass uns dies normalerweise nicht weiter auffällt.

Räumliches Sehen erfordert Sehen mit beiden Augen. Durch den Winkel der Sehachsen der beiden Augen kann das Gehirn die Lage im Raum bestimmen.»[84]

Alle diese Darstellungen des bilderzeugenden Sehvorganges stellen eine Funktionsfolge dar, in der das Wichtigste unerwähnt bleibt: der qualitative Sprung vom weitgehend unbewussten physikalisch-organischen Prozess zum seelisch bewusst erfassten Bild.

Dieses Versäumnis gleicht dem sprichwörtlichen Nichtsehen des Waldes vor lauter Bäumen. Die Lehrerfortbildung Baden-Württembergs eliminiert sogar den menschlichen Willen. Sie ersetzt das in ihm wirkende Ich durch «unser Gehirn», das den Sehvorgang «ohne unser weiteres Zutun in Sekundenbruchteilen» steuert.

Auf das in Darstellungen dieser Art enthaltene Problem hat Rudolf Steiner bereits 1884 in der *Philosophie der Freiheit* hingewiesen:

«... die ganze Schlussfolgerung enthält einen Sprung. Ich bin in der Lage, die Vorgänge in meinem Organismus bis zu den Prozessen in meinem Gehirn zu verfolgen, wenn auch meine Annahmen immer hypothetischer werden, je mehr ich mich den zentralen Vorgängen des Gehirnes nähere. Der Weg der *äußeren* Beobachtung hört mit dem Vorgang in meinem Gehirne auf, und zwar mit jenem, den ich wahrnehmen würde, wenn ich mit physikalischen, chemischen usw. Hilfsmitteln und Methoden das Gehirn behandeln könnte. Der Weg der *inneren* Beobachtung fängt mit der Empfindung an und reicht bis zum Aufbau der Dinge aus dem Empfindungsmaterial. Beim Übergang von dem Hirnprozess zur Empfindung ist der Beobachtungsweg unterbrochen.»[85]

Die Empfindung ist in diesem Zusammenhang die erste zur Bewusstheit führende Transsubstantiation (Verwandlung) der Sinnesvorgänge.

Der Sprung in den populären, zuweilen höchst gebildet klingenden, aber irrigen Darstellungen vom Sehvorgang besteht darin, dass die Bedeutung des bewussten, erkenntnisschaffenden menschlichen Denkens nicht erfasst wird.

Denn die Sinneswahrnehmungen sind, so zeigt Steiner, zunächst «ein bloßes Nebeneinander im Raum und Nacheinander in der Zeit, ein Aggregat zusammenhangloser Einzelheiten». Um ihren Zusammenhang, ihre Wertigkeit und Funktion zu verstehen, «müssen wir unser Denken befragen».

Die Sinneswahrnehmungen geben uns Kunde von der Welt. Sie zu verstehen, sie zu einem verständigen Gesamtbild zu ordnen, betätigen wir unser Denken.

«Der Erkenntnisakt ist die Synthese von Wahrnehmung und Begriff. Wahrnehmung und Begriff eines Dinges machen aber erst das ganze Ding aus. [...] Im Gegensatz zum Wahrnehmungsinhalte, der uns von außen gegeben ist, erscheint der Gedankeninhalt im Innern. Die Form, in der er zunächst auftritt, wollen wir als *Intuition* bezeichnen. Sie ist für das Denken, was die *Beobachtung* für die Wahrnehmung ist. Intuition und Beobachtung sind die Quellen unserer Erkenntnis. Wir stehen einem beobachteten Dinge der Welt so lange fremd gegenüber, so lange wir in unserem Innern nicht die entsprechende Intuition haben, die uns das in der Wahrnehmung fehlende Stück der Wirklichkeit ergänzt. Wer nicht die Fähigkeit hat, die den Dingen entsprechenden Intuitionen zu finden, dem bleibt die volle Wirklichkeit verschlossen. Wie der Farbenblinde nur Helligkeitsunterschiede ohne Farbenqualitäten sieht, so kann der Intuitionslose nur unzusammenhängende Wahrnehmungsfragmente beobachten.»[86]

Denken lenkt und verstärkt die Aufmerksamkeit des Menschen. Wo das Denken eine inhaltliche Verbindung der wahrgenommenen Einzelheiten durch Intuition herstellt, entsteht ein verständiges Bild von der Welt.

«Ich bin im Bilde», «Setz mich ins Bild», «Das ergibt noch kein Bild» und ähnliche Redewendungen bezeugen den Zusammenhang von Wahrnehmung und Intuition.

«Die *Vorstellung* ist nichts anderes als eine auf eine bestimmte Wahrnehmung bezogene Intuition», die gedächtnisfähig bleibt. Sie ist «ein individualisierter Begriff», der ermöglicht, «die Dinge der Wirklichkeit» zu repräsentieren.[87]

«Die Vorstellung steht also zwischen Wahrnehmung und Begriff. Sie ist der bestimmte, auf die Wahrnehmung deutende Begriff.»[88]

Auch wenn es in den Geboten heißt: «Du sollst dir kein Bild machen», macht sich der Mensch doch unentwegt Bilder von der Welt. Als vernunftbegabtes Wesen hat er gar keine andere Möglichkeit. Allerdings kommt es auf die Art der Bilder an. Bild ist nicht gleich Bild. Sind es bloße Abbilder, die ein Vergangenes unwandelbar festhalten, ein Gewesenes nicht verwesen, d. h. sich wandeln lassen? Oder leben die Bilder, besitzen sie das Vermögen, sich zu verändern, zu wachsen, umzugestalten, sind sie lebendig?

Zunächst verbindet man das Bildermachen mit dem Sehsinn. Tatsächlich sind diese Bilder jedoch seelischer Art. Zur Voraussetzung haben sie komplexe physiologische Vorgänge, die mit dem Sinnesorgan, der Aufnahme in den Organismus des Wahrnehmenden und schließlich der Umwandlung in ein seelisches Bild zusammenhängen, welches «Vorstellung» genannt wird.

Wie komplex dieser Vorgang ist, zeigt sich u. a. daran, dass der Mensch räumlich sehen kann, obwohl er über kein «Radar» verfügt wie zum Beispiel Fledermäuse.

Allerdings sieht der Mensch «stereoskopisch», d. h. die Sehachsen des linken und rechten Auges überkreuzen sich und der Mensch bildet sich das räumliche Bild mithilfe von Erfahrung und Fantasie. Dabei sind komplexe muskuläre Vorgänge beteiligt, welche die Augäpfel nach oben, unten, links, rechts oder mittig bewegen.

Die Fähigkeit zum räumlichen Sehen entsteht im Laufe der Kindheit und vervollkommnet sich mit zunehmendem Lebensalter, um im Alter wieder nachzulassen.

Ähnliches gilt für das Farbensehen. Farbenblinde sind physiologisch beeinträchtigt. Aber auch gesunde Menschen müssen eine differenzierte Farbwahrnehmung erst erlernen. Häufig müssen abstrakte Farbvorstellungen, die aus toten Farbbegriffen stammen, überwunden werden.

Ein Wald ist eben nicht immer grün, auch wenn das Lehrbuch sagt, dass sein Laubwerk vom Chlorophyll gefärbt wird. Er kann, je nach Tages- und Jahreszeit oder Lichtwirkung, auch gelb, blau, rot oder violett aussehen. Die Seele muss sich erst zur präzisen Farbwahrnehmung und einem sachgerechten Denken erziehen. Dadurch entwickelt sie ein reicheres Bild von der Welt.

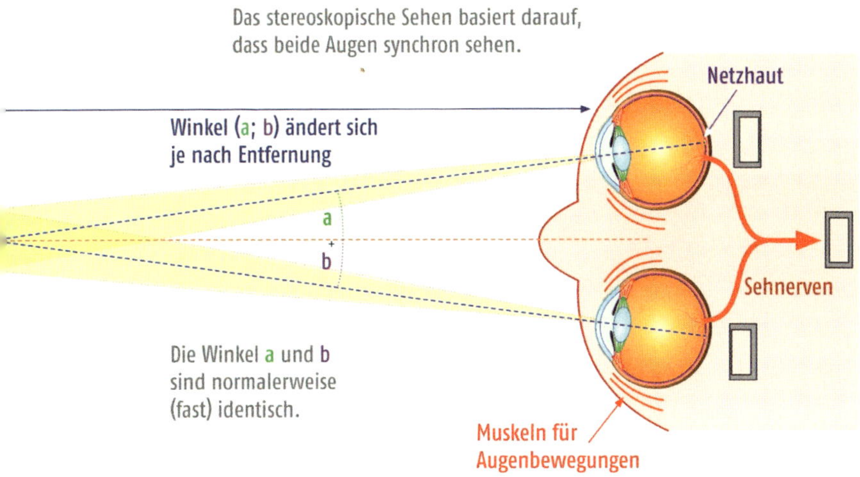

Der seelische Anteil am Entstehen eines Vorstellungsbildes wird noch deutlicher, wenn man andere Sinne als nur den optischen Sinn untersucht.

Allgemein charakterisierte Steiner die Sinne als «Golfe der Außenwelt, die in unser Leben hereinragen».[89]

Dem Hören dient ein feines Sinnesorgan. Das äußere Ohr ist mit der Ohrmuschel sichtbar und individuell ausgebildet. Das Mittelohr besteht aus dem filigranen Gefüge von Trommelfell sowie den Gehörknöchelchen Hammer, Amboss und Steigbügel. Mit ihnen verbunden sind das Gleichgewichtsorgan und das Innenohr mit der Schnecke, an dem der Hörnerv ansetzt.

Bestimmte Ausdrücke wie «Klangfarbe», «Geräuschteppich» oder «Klangbild» weisen darauf hin, wie Hörerlebnisse zu Bildern werden können. Prominentestes Beispiel dafür ist vielleicht das Werk *Bilder einer Ausstellung* des russischen Komponisten Modest Mussorgski von 1874. Als Inbegriff aller

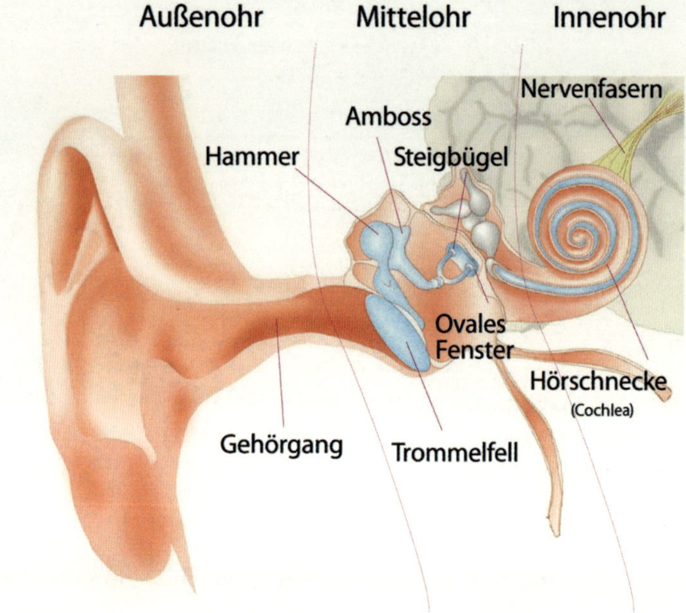

«Programmmusik» rufen dessen Klänge assoziativ bestimmte Bildvorstellungen hervor.

Seine Abschnitte vermitteln den Rundgang durch eine Ausstellung von Werken des Malers Viktor Hartmann, deren Motive folgende Titel tragen: *Der Gnom, Das alte Schloss, Spielende Kinder im Streit, Der Ochsenkarren, Ballett der unausgeschlüpften Küken, «Samuel» Goldenberg und «Schmuyle», Der Marktplatz, Die Katakomben, Mit den Toten in einer toten Sprache, Die Hütte auf Hühnerfüßen, Das Heldentor.*

Sehsinn und Hörsinn machen bezüglich der möglichen Verbildlichung ihrer Wahrnehmungen keine Ausnahme. Die Eindrücke aller Sinne lassen sich verbildlichen.

Eine Auswahl von Bildern Viktor Hartmanns, die Mussorgski zu seiner Komposition angeregt haben mögen.

Geruchssinn

Will man durch einen möglichst kräftigen Ausdruck mitteilen, dass man mit einer Situation nicht einverstanden ist, dann sagt man unter Umständen: «Es stinkt mir» oder «Hier stinkt es aber gewaltig».

Geschmackssinn

Erscheint die Zusammenstellung eines Interieurs, die Kleidung eines Menschen oder sein Verhalten als unstimmig, wird sie «geschmacklos» genannt. «Deine Bemerkung ist mir sauer aufgestoßen.»

Tastsinn

Eine Situation kann als «uneben», «holprig» oder «glatt» bezeichnet werden.

Bewegungssinn

«Hier geht ja alles drunter und drüber!»

Sprachsinn

«Seine Sprache ist von erhabener Schlichtheit.» – «Wenn sie den Mund aufmacht, kommen lauter Kröten heraus.»

Gleichgewichtssinn

«Bei dem Gedanken wird mir schwindelig.» – «Die Situation ist nicht im Gleichgewicht.» – «Sie muss ausbalanciert werden.»

Lebenssinn

«Mir wird flau im Magen.» – «Ich fühle mich ausgelaugt und hohl.»

Wärmesinn
«Es läuft mir heiß und kalt den Rücken herunter.» – «Bei dem Gedanken wird mir kalt.» – «Der Mensch ist ein permanentes Strohfeuer.»

Ichsinn
«Wolfgang ist ein Windhund.» – «Dieser Mensch ist eine Null.» – «Das ist ein Egomane.»

Gedankensinn
«Diese Darstellung ist vollkommen sinnfrei, gedankenlos, inhaltsleer.»

Die oben wiedergegebene Charakterisierung der Sinne (S. 145) durch Rudolf Steiner findet sich bei ihm mehrfach. Er fasst zusammen:

«In diesen Organismus sind eingegliedert gewissermaßen von der Außenwelt Golfe, wenn ich mich so ausdrücken darf. Wie das Meer Golfe hineinträgt in das Land, so trägt die Außenwelt solche Golfe in unseren Organismus hinein.[90]

Durch sein Denken, d. h. sein Intuitionsvermögen verbindet der Mensch mit seinen Wahrnehmungen Begriffe. Er kommt zu Erkenntnissen und findet zu einer höheren Überschau der Einzelheiten. Er entwickelt Übersichten, Zusammenschau und Gesamtbilder. Sein Denken nähert sich der Qualität an, die seine Urlehrer, die Angeloi, besitzen. Deren Denken stellt sich in geistigen Bildern, in Imaginationen dar. Dem eifert der Mensch nach.

Sein Inneres stellt sich als ein Leben der Seele in Bildern dar.

Leibbildung auf verschiedenen Ebenen

Als Leib wird der lebendige Körper von Menschen oder Tieren bezeichnet. Mit der Rede vom Leib – in Unterscheidung zum Körper – kann auch eine besondere Steigerung des Körperlichen im metaphysischen Sinne (Theologie) gemeint sein.

Der Leib-Begriff ist im Christentum insbesondere bedeutend in Bezug auf den Leib Christi.

Im Pantheismus steht er für die bewusstseinsfähige Erscheinung eines universalen Geistes in der Natur.

Körper steht in der Biologie für die materielle Gestalt eines Lebewesens und in der Anthropologie für die materielle Gestalt des Menschen

In der anthroposophischen Menschenkunde wird unterschieden zwischen dem physischen Körper, dem ätherischen Leib, dem astralischen Leib mit seinen seelischen Ebenen von Empfindungsseele, Verstandes- oder Gemütsseele und Bewusstseinsseele. Die Bezeichnung als Körper kommt dabei dem physischen Sein zu, während die Träger des Lebendigen und des seelischen Lebens mit dem Ausdruck Leib bezeichnet werden. Das Ich ist schließlich das Wesensglied, welches als Ausdruck und Motor des individuellen Lebens alle diese Ebenen durchdringt und als geistig bezeichnet werden muss.

Die Empfindungsseele ist durch elementar und unmittelbar wirksame Empfindungs- und Gefühlsäußerungen geprägt.

Die Verstandesseele bearbeitet die in der Seele wirksamen Eindrücke. Sie filtert, interpretiert, ordnet und zieht Schlüsse aus dem Erlebten. Durch Vertiefung, Verweilen und Gewich-

Der kosmische Mensch

tung entsteht dabei ein verinnerlichter Bereich, der als Gemüt bezeichnet werden kann.

Die Bewusstseinsseele schließlich ist diejenige Seelenqualität, mit welcher der Mensch von sich selbst absehen, über sich hinauswachsen und jene Beziehungen zu sich selbst, anderen Menschen und der Welt aufbauen kann, die an den Dingen selbst, jenseits von Subjektivismus und falscher Versachlichung gebildet werden. Dadurch eignen ihr die Eigenschaften des Wahren, Guten und Schönen, aus denen das wahre Ich hervorgehen kann. Andererseits kann sie durch ihre Autonomie auch in Isolation und Einsamkeit führen.

Unter dem wahren Ich wird ein Menschsein verstanden, das, ähnlich wie es das Meditationsbild Hildegard von Bingens vom «kosmischen Menschen» zeigt, seinen Ursprung kennt und im Einklang mit Natur und Schöpfung seinem Werk nachgeht.

Hildegard von Bingen schrieb dazu: «Mitten im Weltenbau steht der Mensch. Denn er ist bedeutender als alle übrigen Geschöpfe [...] Die Kräfte seiner Seele erstrecken sich über den gesamten Erdkreis hin (= das Weltall) [...] An Statur ist er zwar klein, an Kraft seiner Seele jedoch gewaltig. Sein Haupt nach aufwärts gerichtet, die Füße auf festem Grund, vermag er sowohl die oberen als auch die unteren Dinge in Bewegung zu versetzen. Was er mit seinem Werk in rechter oder linker Hand bewirkt, das durchdringt das All, weil er in der Kraft seines inneren Menschen die Möglichkeit hat, solches ins Werk zu setzen.»[91]

Das Alter zwischen fünfeinhalb und sechseinhalb Jahren wird in der Entwicklungspsychologie als das Alter des «ersten Gestaltwandels» beschrieben.

Mit Gestaltwandel ist die körperliche Veränderung des Kindes gemeint, die sich an verschiedenen Merkmalen zeigt.

Synopsis: Gestaltwandel (Veränderung der Körperproportionen) vom Neugeborenen und älteren Kind bis zum Erwachsenen.

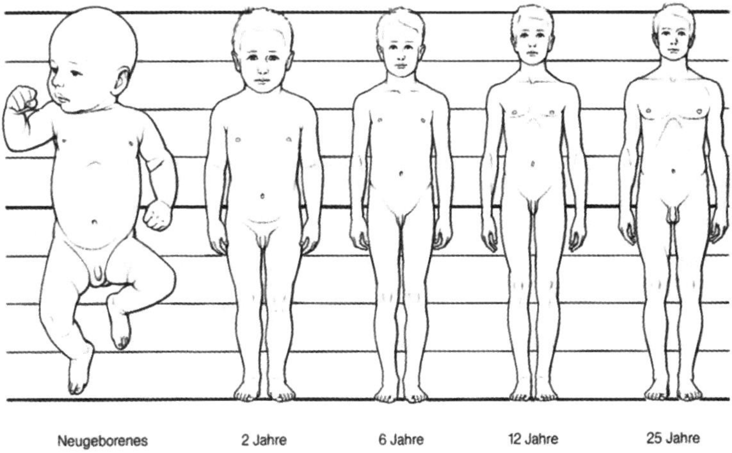

Der Gestaltwandel des Kindes nach C. H. Stratz, Stuttgart 1941.

Die Extremitäten beginnen verstärkt zu wachsen, der Rumpf wird schlanker und gestreckter, die Taille bildet sich aus, der kleinkindhafte Bauch wird flacher, die Muskeln treten stärker hervor und die Schulterbreite nimmt zu.

Das Kind erscheint insgesamt länger und schlanker.

Auch das Gesicht des Kindes beginnt sich zu verändern: Mittel- und Untergesicht wachsen, wodurch die Stirn kleiner als zuvor wirkt.

Das Fettgewebe reduziert sich.

Die ersten Milchzähne fallen aus, das endgültige Gebiss formt sich.

Die «Schulkindform» bildet sich.

Das Spielverhalten ändert sich. Von «Spieleremiten» werden die Kinder zu Fantasiespielern mit deutlichen Rollenerwartungen und festen Funktionsabläufen. Gruppenspiele werden häufiger, Wettkämpfe gesucht. Stimmungsschwankungen treten auf, das Anspruchsverhalten gegenüber Bezugspersonen nimmt zu.

Innerhalb weniger Jahre vollzieht sich die Gedächtnisreife, die eine außerordentliche Erinnerungsfähigkeit entwickelt und Erinnerungsfragmente sachgerecht verbinden kann.

Die Summe der Veränderungen charakterisiert schließlich die Schulreife.

Damit geht die Reifung des Ätherleibes einher, dessen entscheidender Entwicklungsschritt um das siebente Lebensjahr in der anthroposophischen Menschenkunde als «Geburt des Ätherleibes» bezeichnet wird.

Mit ihr sind Veränderungen verbunden, die über das bisher Genannte in teilweise tiefere Schichten weist, denn neben der Gedächtnisreifung ist eine beginnende Ausbildung bleibender Gewohnheiten verbunden, setzt die Prägung des dauerhaften Temperamentes ein, tritt die Ausbildung des Gewisses hervor und bilden sich die unterschiedlichen Wesenszüge zum Charakter.

Der «zweite Gestaltwandel» tritt um die Geschlechtsreife ein, bei Mädchen ungefähr im zwölften, bei Jungen im dreizehnten Lebensjahr. Auffällige Erscheinungen sind das zunehmende Längenwachstum gegenüber dem Breitenwachstum, ein beschleunigtes Extremitätenwachstum, während der Rumpf die Größe beibehält, die Ausbildung der primären und sekundären Geschlechtsmerkmale.

Die Entwicklung zeigt eine stärkere seelische Komponente, für die eine auffällige Diskrepanz von Körpergröße und Leistungsfähigkeit der Organe bedeutsam ist. Im Laufe des 20. Jahrhunderts wurden Merkmale gesteigerter Acceleration

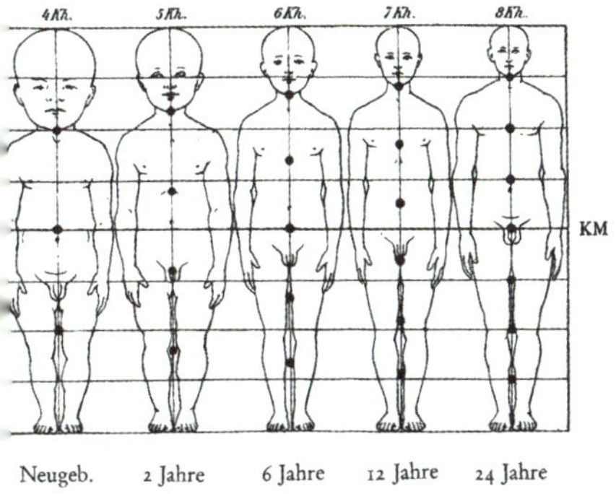

er Wandel der Proportionen beim wachsenden enschen (nach Stratz et al.).

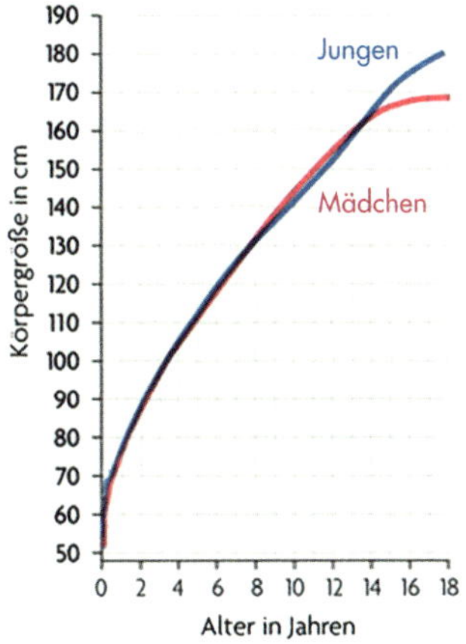

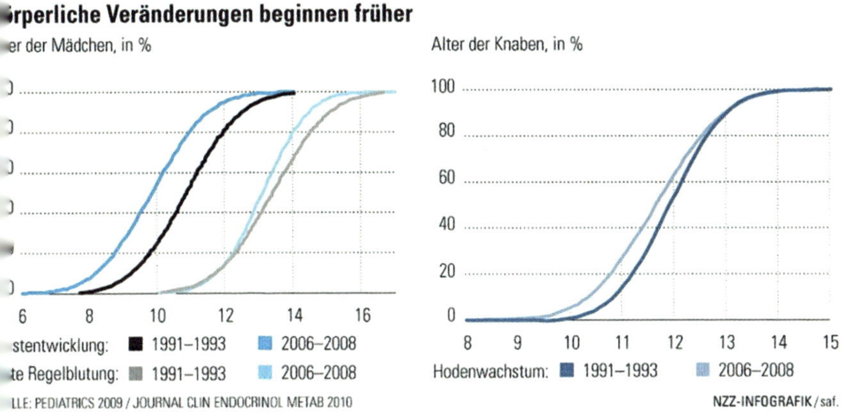

beschrieben, die nicht allein eine frühere körperliche Entwicklung bedeuten, sondern zugleich eine zunehmende Diskrepanz von körperlicher (beschleunigter) zu seelisch-geistiger (retardierter) Reifung feststellen.

Immer dringlicher wurde dabei eine Differenzierung pädagogischer Praxis gegenüber Jungen und Mädchen bei gleichzeitig verstärkten Koedukationsbemühungen. Noch viel zu gering ist die Verwirklichung binnendifferenzierender Erziehungsmaßnahmen, die sowohl den vertrauten Umgang mit dem anderen Geschlecht fördern sowie den unterschiedlichen Fähigkeiten und Bedürfnissen der Einzelnen gerecht werden.

Dies alles geschieht im Zusammenhang zunehmender Individualisierung und ungeminderter Entwicklungsbeschleunigung, deren Ende nicht abzusehen ist.

Rudolf Steiner deutet 1917 eine Perspektive an, deren Konsequenz heute noch vollkommen unberücksichtigt ist. Dabei geht es nicht allein um das Phänomen der Acceleration, sondern um einen Zusammenhang, der seit der Antike selbstverständlich galt, dass nämlich ein gesunder Geist in einem gesunden Körper lebe und umgekehrt ein gesunder Körper einen gesunden Geist hervorbringe.

«Und immer weniger werden in der Erdenentwickelung die Menschen in der Lage sein, ihre Seelenentwickelung ganz parallel der Leibesentwickelung zu nehmen. Warum sollte es nicht sein können, dass eine Individualität sich verleiblicht in einem Körper, der nach seiner ganzen Konstitution zum Bösen bestimmt ist? Der Mensch kann ja trotzdem drinnen gut sein, weil die Individualität nicht mehr in einem intimen Zusammenhang mit der Körperlichkeit ist. Das ist wieder keine bequeme Wahrheit, aber eine Wahrheit, mit der man sich bekanntmachen muss.»[92]

In der Gegenwart ist es bereits so, dass Grundschullehrer schildern, dass sie mit den gewohnten Entwicklungserwartungen, wie sie in den zitierten Schaubildern zum Ausdruck kommen, die Wirklichkeit nicht mehr treffen.

Da wird von körperlichen Diskrepanzen und von abweichenden Verhaltensweisen gesprochen.

Umso wichtiger ist es, die Grundsignatur der menschlichen Gestaltbildung sinnend zu erkennen.

In den verschiedenen Lebensaltern des Menschen treten staunenswerte Veränderungen des Körperleibes auf. Proportionen und Fähigkeiten unterscheiden sich radikal. Selbst die Lage wandelt sich von der Horizontalen in die Vertikale.

Aber mit welcher Entschlossenheit – und wie früh! – richtet sich der Mensch auf. Wie ungeeignet sind dafür zunächst die Beinchen! Wie schmerzhaft sind die von vielerlei Rückschlägen betroffenen Bemühungen. Und wie zäh bemüht sich der ganz junge Mensch bereits um die Vertikale, die ihn frontal zur Welt stellt. Alles in seinem Organismus ist dafür vorgesehen. Er wird der Welt gegenüberstehen können, die Namen der Wesen kennen und nennen, mit seinen Gliedmaßen in die Welt greifen und gestalten können.

Der Mensch ist eine Hieroglyphe der ersten Hierarchie, die zu entziffern er selbst aufgerufen ist. Das wird die Pforte öffnen und ihn frei in die Welt stellen.

Die Aufgabe des Todes in der Welt

In seinem Aufsatz «Die Natur», der ein Fragment blieb, äußerte Goethe:

«Ihr Schauspiel ist immer neu, weil sie immer neue Zuschauer schafft. Leben ist ihre schönste Erfindung, und der Tod ist ihr Kunstgriff viel Leben zu haben.»[93]

Das Verhältnis des Menschen zum Tod ist uneinheitlich und wechselt im Laufe der Kulturentwicklung. Eine so gelassene und mit sicherer Gefasstheit dem Lebensende entgegensehende Haltung wie sie in einem Gespräch Goethes mit Eckermann zum Ausdruck kommt, wird man nur selten finden:

«‹Wenn einer fünfundsiebzig Jahre alt ist›, fuhr er darauf mit großer Heiterkeit fort, ‹kann es nicht fehlen, dass er mitunter an den Tod denke. Mich lässt dieser Gedanke in völliger Ruhe, denn ich habe die feste Überzeugung, dass unser Geist ein Wesen ist ganz unzerstörbarer Natur; es ist ein fortwirkendes von Ewigkeit zu Ewigkeit: Es ist der Sonne ähnlich, die bloß unseren irdischen Augen unterzugehen scheint, die aber eigentlich nie untergeht, sondern unaufhörlich fortleuchtet.›»[94]

Der Kirchenvater Augustinus hatte Anfang des 5. Jahrhunderts eine sichere Auffassung vom Tod, die sich einer zeitkritischen Polemik nicht enthalten wollte:

«Der Tod, den die Menschen fürchten, ist die Trennung der Seele vom Körper. Den Tod aber, den die Menschen nicht fürchten, ist die Trennung von Gott.»[95]

Noch einmal 400 Jahre früher hatte der jüngere Lucius

Annaeus Seneca (ca. 4 v. Chr.–65 n. Chr.) als Schüler der Stoa gleichmütig festgestellt:

«Nicht nur einen Tod gibt es. Der uns dahinrafft, ist nur der letzte.»[96]

Alle diese Aussagen unterscheiden sich deutlich von der griechischen Haltung zum Tod, wie sie sich in den Werken Hesiods oder Homers aus dem 9. und 8. vorchristlichen Jahrhundert ausspricht.

Von Hesiod (ca. 750 v. Chr) sind die Zeilen überliefert:

«Die Nacht aber gebar das verhasste Geschick und das schwarze Verderben und den Tod. Sie gebar auch den Schlaf. Sie gebar auch das Geschlecht der Träume.

Die dunkle Nacht gebar (diese alle), ohne mit irgendeinem (Mann) zusammengekommen zu sein.

Als Nächsten aber gebar sie den Tadel und den schmerzlichen Jammer und die Hesperiden, denen jenseits des berühmten Okeanos goldene schöne Äpfel anvertraut sind und die Bäume, die diese Frucht tragen.»[97]

Der Tod wird also mit der dunklen Nacht in Verbindung gebracht, die alle möglichen Ungeheuer gebar. Diese negative Schilderung lässt im Positiv die Lichtaffinität und Lebensfreude Hesiods erahnen.

Hypnos und Thanatos, Schlaf und Tod, wurden bereits hundert Jahre zuvor in Homers *Ilias* als Zwillingsbrüder bezeichnet.

Homers Verhältnis zum Tod geht insbesondere aus jener Szene in der Unterwelt hervor, in der Odysseus dem gefallenen Achilles schmeichelt: «Heil dir, Achilles, auch im Reich der Schatten ein König unter den Toten», worauf Achilles antwortet:

«Preise mir jetzt nicht tröstend den Tod, ruhmvoller Odysseus.

Lieber möcht' ich fürwahr dem unbegüterten Meier,
Der nur kümmerlich lebt, als Tagelöhner das Feld baun,
Als die ganze Schar vermoderter Toten beherrschen.»[98]

Populär werden diese Verse zitiert mit den Worten:

«Lieber ein Bettler in der Oberwelt als ein König im Reich der Schatten.»

Bis in die Gegenwart erhalten hat sich die Homer zugeschriebene Formel vom Schlaf als kleinem (oder jüngerem) Bruder des Todes.

Von diesem Satz her lassen sich manche Eigenschaften des Todes erschließen und sein Schrecken mindern.

Der Schlaf unterbricht das Tagesbewusstsein und nimmt den Menschen in einen todesähnlichen unbewussten Schlafzustand auf, von dem vermutet wird, dass er dem Tod ähnelt.

Allerdings ist der Schlaf dem Menschen zur Wiederherstellung seiner Lebenskräfte notwendig. Möglicherweise stellt der Tod eine ähnliche Zäsur dar.

Im *Koran* heißt es in der 39. Sure: «Allah zieht die Seelen (der Menschen) bei ihrem Tod ein, sowie von denen, die noch nicht den Tod erfuhren, während ihres Schlafs. Dann hält er diejenigen zurück, für die er den Tod bestimmte, und lässt die anderen bis zu einer festgelegten Frist frei.»

Eine Quelle ähnlichen Alters wie die antiken griechischen Schriftsteller stellen die Mythen und Sagen der Juden dar, wie sie von Micha Josef bin Gorion gesammelt wurden. Insbesondere die Erzählungen von der Erschaffung der Welt und von der Erschaffung des Menschen erlauben Einblicke in die Frage nach der Bedeutung des Todes in diesem kulturellen Umfeld.

Im Schöpfungsbericht heißt es da:

«Die Erde war wüst und leer, und Finsternis lag über der Tiefe, und der Geist des Königs Messias, andere sagen, der Geist Adams, schwebte über dem Wasser.

Und der Herr sprach in seinem Herzen: Soll ich den Menschen den Himmlischen gleich machen, so wird er ewig leben und nimmer sterben; mache ich ihn den Irdischen gleich, so wird er des Todes sein wie die Irdischen und wird vom ewigen Leben nicht wissen; ich will ihn also den Himmlischen und den Irdischen gleich machen; so er Sünde begeht, soll er des Todes sterben, so er aber gerecht ist, soll er ein ewiges Leben leben.

Andere wiederum sagen: Adam war dazu ausersehen, dass er ewig leben sollte; warum aber wurde über ihn der Tod verhängt? Ja, dies tat der Herr, dass die Menschen sich vor ihm fürchten sollten.»[99]

Der rätselvolle erste Satz deutet möglicherweise das Schöpfungsziel der Gottheit an, in dem Adam als ein zehntes hierarchisches Wesen vorgesehen ist.

In der Folge wird die Sorge des Herrn um die Entwicklung Adams und die damit verbundenen Versuchungen deutlich.

Der Herr wird als gerecht geschildert, der Adam mit seinen Taten über seinen Weg selbst richten lässt.

Über die zu erwartenden Versuchungen und Prüfungen gibt eine weitere Passage Auskunft, die von der Fürsorge des Herrn spricht und den Menschen einerseits schützt, andererseits die Bindung der Seele an den Leib als sehr fest darstellt:

«Und Gott band die Seele fest in des Menschen Leib. Die Seele des Menschen ist an ihn gebunden, damit, wenn der Gram ihn übermannt, er seine Seele nicht herausnähme und sie wegwürfe.»[100]

Der weitere Text schildert den Weg zum Himmel für den Menschen offen, allerdings ist dieser Weg an Bedingungen geknüpft. Das Bewusstsein vom Schöpfergott und seinen Engeln ist stark. Der Charakter der Erde wird sehr deutlich als Vierheit geschildert. Damit wird ihre Wesensart und auch die Einpflanzung des Menschen in diesen Bereich sichtbar:

«In seiner Weisheit gab der Herr der Welt vier Seiten: Morgen und Abend, Mittag und Mitternacht. Vom Morgen her kommt das Licht in die Welt; von Mittag kommen der segenbringende Tau und die gnadenreichen Regengüsse; der Wind von Abend bringt die Schneemengen und die Hagelmassen, von dort kommt auch die Kälte. Von Mitternacht her, der Seite, die unvollendet blieb, kommt die Finsternis in die Welt. Warum ist aber die Mitternachtsseite unvollendet geblieben? Ja, denn der Herr sprach: So einer kommt, der von sich spricht, er wäre Gott, so möge er hingehen und den Teil der Welt ausbauen, den ich unfertig gelassen habe; dann wird man wissen, ob er ein Gott ist.

Und wie der Herr der Welt vier Richtungen gab, so umstellte er auch seinen Stuhl mit vier heiligen Tieren und mit vier Engeln, Michael, Gabriel, Uriel und Raphael.

Vier Winde wehen alltäglich, von allen vier Weltgegenden kommen sie her. Von Morgen bis Mittag weht der Ostwind, und mit ihm zusammen kommen dreitausendfünfundsiebzig für die Welt heilkräftige Winde ... Was immer für Leiden und Gebrechen den Menschen plagen, er strauchelt nimmer am Morgen. Der Engel aber, der von Morgen bis Mittag über diesen Wind, der von Osten kommt, befohlen ist, heißt Michael, derselbe Michael, von dem geschrieben steht: ‹Siehe, mein Bote geht dir voran.›

Wenn der Morgenwind erwacht, um in der Welt zu wehen, und zu derselben Zeit einer unterwegs ist und diese Richtung einschlägt, ihm gehen alle Wünsche in Erfüllung, und er ist frohen Mutes den ganzen Tag.

Der Westwind weht von Mittag bis Abend, und mit ihm zusammen gehen vierhundertfünfundsechzig Winde, welche die Gräser, die Bäume und alle Gewächse zum Blühen bringen. Ein Engel ist von Mittag bis Abend über diese Winde befohlen, der heißt Raphael.

Der Südwind weht von Anfang des Abends bis Mitternacht, und mit ihm zusammen gehen ... zweihundertfünfundsiebzig Winde, welche die Erde fett machen und die Kälte lindern. Ein Engel ist über diesen Wind befohlen, Uriel ist sein Name. Dieser Wind legt sich schwer auf die Kranken, und sie fühlen seinen Druck, aber der Welt bringt er Gutes.

Der Nordwind weht von Mitternacht bis Morgen, und dreihunderttausend andere Winde wehen mit ihm zusammen; er ist der rauheste von allen, aber er tut wohl denen, die gebrechlichen Leibes sind.»[101]

Die Welt hat vier Seiten aus Morgen, Abend, Mittag und Mitternacht. Die Richtungen bringen Licht, Tau, Regen, Schnee, Hagel und Kälte. Vier heilige Tiere: Adler, Löwe, Stier, Mensch umstellen den Thron Gottes und vier Engel: Michael, Gabriel, Uriel und Raphael. Wünsche, Wachstum, Zuwachs, Gewissen und Erneuerung sind die Kräfte, die in der Welt wirken.

Durch die widerstrebenden geistigen Mächte verfällt der Mensch der Sünde, und er wird aus dem Paradies vertrieben. Die wegweisenden Worte des Herrn werden in den jüdischen Überlieferungen so wiedergegeben:

«Im Schweiße deines Angesichts sollst du dein Brot essen, bis du wieder zu Erde wirst, davon du genommen bist. Denn Staub bist du und zum Staub kehrst du zurück.

Und Gott der Herr sprach: Siehe, der Mensch ist geworden

wie unsereiner und weiß, was gut und böse ist. Nun aber, dass er nur nicht ausstrecke seine Hand und nehme auch von dem Baum des Lebens und esse und lebe ewiglich!

Da wies ihn Gott der Herr aus dem Garten Eden, dass er die Erde bebaute, von der er genommen war.

Und er trieb den Menschen hinaus und ließ lagern vor dem Garten Eden die Cherubim mit dem flammenden, blitzenden Schwert, zu bewachen den Weg zu dem Baum des Lebens.»[102]

Eine alte religiöse Auffassung verstand die Konsequenz des Sündenfalls als eine Art juristischen Vorgang. Ein Gesetz wurde übertreten, und das hatte eine Strafe zur Folge. Der Vorgang wirkte wie ein Aktions-Reaktions-Schema. Das entsprach auch dem Entwicklungsverständnis jener Zeit. Wer gehorsam war, wurde belohnt; wer abweichendes Verhalten zeigte, wurde zurückgesetzt.

Bis in das Schulsystem des 19. und 20. Jahrhunderts prägte sich dieses Prinzip ein. Ein Strafsystem sorgte für die Nichtversetzung, und diejenigen, welche die Erwartungen erfüllten, wurden durch Beförderung belohnt.

Dieses System schuf eine Karikatur der eigentlichen Absichten der Weltentwicklung. Menschliche Engstirnigkeit und Bigotterie beharrten auf einem Gesetzesverständnis, das undurchschaut Vorstellungen von Gottgnadentum und ewiger Verdammnis prolongiert, die Karma als Belohnungs- oder Bestrafungssystem verstanden.

Es wäre eine kümmerliche Gottheit, die nach solchen Kriterien verführe. Der Tod muss nicht als Strafe, sondern kann auch als Gnade und Ermöglichung aufgefasst werden. Davon spricht eine Darstellung Rudolf Steiners aus dem Frühjahr 1912:

«Wie der Mensch überhaupt nur durch den Zusammenstoß mit der Realität sich bewusst werden kann, so kann er sich als fortschreitenden Prozess nur erleben, indem durch den Willen das gesamte physische Leben in ihm ebenso zerstört wird, wie durch das Vorstellungsleben das Gehirn zerstört wird. Aber während das Letztere durch den Schlaf wieder ausgeglichen werden kann, kann ein Neuwerden des Willens nicht wieder ausgebessert werden, sondern es muss durch die Impulsivität des Willens ein fortlaufender Zerstörungsprozess in jedem Leben eintreten. Da sehen wir, dass der Mensch seinen Organismus zerstören muss, und sehen so für den Menschen erst die Notwendigkeit des wirklichen Todes. Wie wir für das Vorstellungsleben die Notwendigkeit des Schlafes einsehen, so sehen wir jetzt für das Willensleben die Notwendigkeit eines Todes ein. Denn nur dadurch, dass der Mensch seine physische Organisation [als Spiegelungsapparat] seinem Willen entgegenstehend hat, erkennt sich der Wille in sich selber, verstärkt sich in sich selber und geht dann durch die Pforte des Todes in ein Leben in der geistigen Welt, wo er sich die Kräfte aneignet, um in einer zukünftigen Verkörperung dasjenige aufzubauen, was er in dieser Leiblichkeit nicht mehr erreicht hat. [...]

Während wir also bei der Pflanzenwelt mit Bezug auf den Tod nur von einem Aufwachen und Einschlafen der ganzen Erdennatur sprechen konnten, während wir in der Tierwelt den Tod nur vergleichen konnten mit dem Auf- und Abfluten und Besiegen unseres niederen Instinktlebens, haben wir erst mit dem menschlichen Tode dasjenige, was uns durch das Zerstören dieses einen Lebens auf die immer wiederkehrenden Leben hinweist. Dadurch, dass wir nur durch die Zerstörung dieses einen Lebens das gewinnen können, was im neuen Erdenleben auftritt und dadurch erst zur wirklichen Vervollkommnung des gesamten Menschenlebens führt, ist auch das gegeben, dass der Wille des Menschen, um sich in der Gesamtverfassung seiner selbst bewusst zu werden, das Hinsterben des physischen Leibes braucht, und dass im Grunde genommen für den richtigen Willensimpuls das Erlebnis nur dann da ist, das er braucht, wenn wir durch die Pforte des Todes gehen, wenn er das allmähliche Siechwerden und Hinsterben der äußeren Organisation miterlebt. Denn an dem Widerstand, den er an der äußeren Organisation verspürt, wächst der Wille, wird immer stärker und stärker und bereitet sich vor, das zu werden, was für die Ewigkeit lebt.»[103]

Im violetten Nordfenster des Goetheanum sind diese Verhältnisse künstlerisch-bildlich dargestellt.

Man sieht da in der oberen Bildfläche den Lebensweg eines Menschen von der Wiege bis zur Bahre. Der Weg beginnt in einem überirdischen Bereich. Das Auge Gottes und die Mahnung auf den Gesetzestafeln stehen an des Weges Anfang. Die Geburt, mittlere Kindheit, der Bund fürs Leben, das Greisenalter und der Tod sind Stationen des Weges, der unter dem Sternenhimmel verläuft und dem Mysterium von Golgatha begegnet.

Unten links sieht man dann das Geschehen beim Sterben des Menschen. Ein Engelwesen hebt seine unsterbliche Wesenheit aus seiner irdischen Hülle heraus. Das Skelett zeigt den irdischen Menschen, das Dreieck die Seele mit der Dreiheit von Denken, Fühlen und Wollen beziehungsweise ihren Gliedern von Empfindungsseele, Verstandes- oder Gemütsseele und Bewusstseinsseele. Der Stern steht dann für den höheren, den geistigen Menschen. Er ist das keimhaft Strahlende.

Unten rechts wird im Fenster eine alte deutsche Wiederverkörperungssage dargestellt. Der dargestellte Friedrich Barbarossa bereitet sich auf den Zeitpunkt seiner Wiedergeburt vor.

Violettes Nordfenster, Goetheanum

Das Fenster zeigt, dass der Tod nicht das Ende ist. Er ist Wegstation in der Entwicklung des Menschen, die ihm die Möglichkeit zu Rückblick, Selbsterkenntnis und Wandlung gibt.

Wohnorte der Engel

Manche Menschen würden, fragte man sie nach den Wohnorten der Engel, ohne zu zögern antworten: im Himmel. Himmel ist dabei ein hoher Ort unbestimmter Größe über den Häuptern. Ernst Haeckel höhnte über anthropomorphe Gottesvorstellungen mit Rauschebart über den Wolken.

Solch naive Vorstellungen dürften der Vergangenheit angehören. Dennoch stellt sich die Frage: Wo wirken die Engel und wo halten sie sich auf?

Sicherlich muss man sich zur Klärung dieser Frage die Aufgaben und Funktionsgebiete der Hierarchien vergegenwärtigen.

Rudolf Steiner macht dazu präzise Angaben.

Es ist eine Tatsache, «dass für die weitaus größte Anzahl der Menschen heute noch ein Bewusstsein vom Leben in den vorhergehenden Verkörperungen nicht vorhanden ist, dass die Menschen sich heute noch nicht erinnern an dasjenige, was sich mit ihnen vollzogen hat in vorhergehenden Inkarnationen. [...]

Die Wesen, die als Angeloi eine Stufe höher stehen als der Mensch, die haben Wache zu halten über den ganzen Menschheitsfaden, der sich für die einzelne Individualität von Verkörperung zu Verkörperung spinnt.»[104]

«Nun steigen wir hinauf zu der nächsten Gruppe ... den Erzengeln, Archangeloi, zu den Feuergeistern, wie wir sie auch nennen. Diese Wesenheiten beschäftigen sich nun nicht mit dem einzelnen Menschen, mit der einzelnen Individualität, sondern haben schon eine umfassendere Aufgabe: Sie bringen in eine harmonische Ordnung das Leben des Einzelnen und das Leben größerer Menschheitszusammenhänge, wie zum Beispiel Völker. »[105]

«Und dann kommen wir hinauf zu den ... Archai. Das sind nun noch höhere Wesenheiten, sie haben eine noch höhere Aufgabe im Menschheitszusammenhange. Sie regeln im Grunde genommen die irdischen Verhältnisse des ganzen Menschengeschlechtes auf Erden, und sie leben so, dass sie durch die Wellen der Zeit von Epoche zu Epoche in einer ganz bestimmten Zeit sich verändern, sozusagen einen andern Geistleib annehmen. [...] Sie haben zu tun mit dem, was der Sinn und die Mission einer Epoche der Menschheit ist.»[106]

«Und dann ... kommen wir zu ... den sogenannten Gewalten, Exusiai, die wir auch nennen die Geister der Form. Da kommen wir allerdings zu Aufgaben, die schon über die Erde hinausgehen. [...] Es muss die Menschheit von einem planetarischen Zustand zum andern geführt werden. [...] Diejenigen Geister, die dafür sorgen, dass sozusagen die ganze Menschheit von einem planetarischen Zustand zum andern geführt wird, das sind die Gewalten, Exusiai oder Geister der Form.»[107]

Aus dieser Übersicht wird deutlich, dass die Aufgaben der Hierarchien von den Angeloi aufsteigend sich erweitern und zunehmen. Vom individuellen Menschen über Menschengruppen und Zeitidentitäten steigt der Umfang bis zur Planetenentwicklung auf.

Von der funktionalen Betrachtung ist ein Übergang zur räumlichen Perspektive möglich. Rudolf Steiner nennt die verschiedenen Wirkungsgebiete oder Wirkungskreise «Herrschaftsgebiete».

Das Herrschaftsgebiet der Throne wird begrenzt durch die Umlaufbahn des Saturn, das Herrschaftsgebiet der Kyriotetes

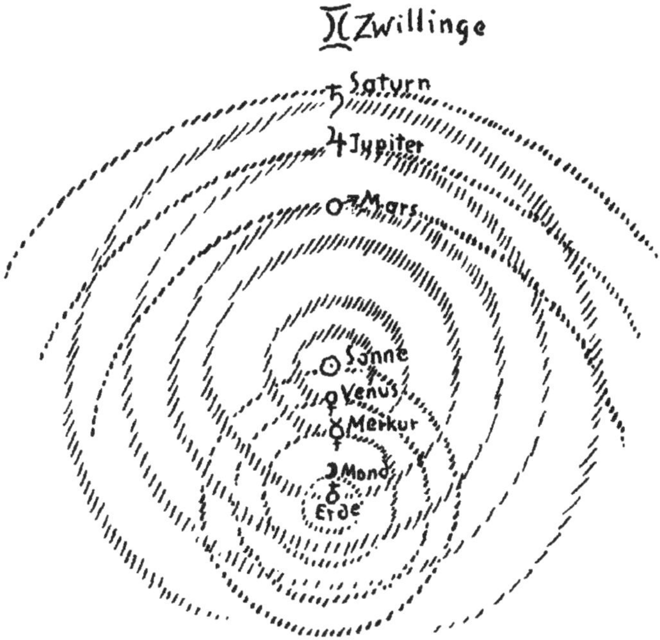

KopernikanischesSystem
Wirkensbereich der geistigen Hierarchien

wird begrenzt durch die Umlaufbahn des Jupiter und das der Dynameis durch den Mars.

Die Geister der Form haben zur Grenzmarke die Sonne, die Archai haben ihre Grenze bei der Venus. Bis zum Merkur reicht das Herrschaftsgebiet der Erzengel und bis zum Mond das der Engel.

Zusammengefasst ergibt das ein System der Wirkensgebiete, das von Rudolf Steiner erläutert wird:

«Sie müssen sich also denken die Erde als Ausgangspunkt, müssen sich denken um die Erde herum ein Herrschaftsgebiet, das bis zum Mond reicht; dann kommt ein Herrschaftsgebiet, das bis zum Merkur reicht, dann ein Herrschaftsgebiet bis zur Venus, dann eines bis zur Sonne. Nun werden Sie erstaunt sein über die Reihenfolge der einzelnen Planeten, so wie ich sie gegeben habe. Wenn hier die Erde und hier die Sonne ist, so würden Sie glauben, dass ich hierher zeichnen müsste den Merkur in Sonnennähe und hierher die Venus. Das ist aber nicht richtig, denn die beiden Planeten wurden in Bezug auf ihre Namen verwechselt durch die spätere Astronomie. Was man heute Merkur nennt, wird in allen alten Lehren Venus genannt, und was man heute Venus nennt, heißt in allen alten Lehren Merkur. Also wohlgemerkt: Man versteht die alten Schriften und die alten Lehren nicht, wenn man dasjenige, was dort über Venus oder Merkur gesagt ist, auf das bezieht, was heute mit denselben Namen gemeint ist. Was über die Venus gesagt wird, muss auf den heutigen Merkur bezogen werden, und was über den Merkur gesagt wird, auf die Venus, denn diese beiden Bezeichnungen sind später miteinander verwechselt worden. Bei der Gelegenheit, wo man das Weltensystem umgedreht hat, wo die Erde entkleidet worden ist ihrer Mittelpunktsstellung, da hat man nicht bloß die Perspektive geändert, sondern man hat Merkur und Venus umeinander herumkollern lassen in Bezug auf die alten Bezeichnungen.»[108]

«Nunmehr werden Sie leicht das, was eben gesagt worden ist über die räumliche Verteilung der einzelnen Herrschaftsgebiete, in Zusammenhang bringen können mit dem, was vorhin über die Aufgabe und Mission der einzelnen Wesenheiten gesagt worden ist. Diejenigen Wesenheiten, die der Erde am nächsten sind, die sozusagen im unmittelbaren Umkreis der Erde wirken bis zum Mond hinauf, das sind die Engel. Von diesem Gebiet aus lenken sie das Leben der einzelnen Individualität, wie sie durchgeht von Inkarnation zu Inkarnation. Dagegen bedarf es mehr, um ganze Völkermassen auf der Erde in entsprechender Weise zu verteilen und ihnen ihre Mission zuzuteilen. Dass da der Weltenraum mitwirken muss, kann Ihnen eine einfache Überlegung zeigen. Nicht wahr, es hängt wirklich nicht bloß von irdischen, sondern von kosmischen Verhältnissen ab, ob irgendeine Bevölkerung so oder so in ihrem Charakter veranlagt ist, [...] da wirken kosmische Verhältnisse mit, Verhältnisse, die aus dem Himmelsraum herunter geregelt werden müssen, wirken mit. Das geschieht aus einem Herrschaftsgebiet, das bis zum Merkur, bis zur Grenze der Erzengel-Wirksamkeit geht. Und dann, wenn die ganze Menschheit, wie sie auf der Erde sich entwickelt, gelenkt und geleitet werden soll, dann muss das aus noch weiterem Weltenraum herein geschehen, aus einem Weltenraum, der bis hinauf zur Venus reicht. Wenn nunmehr aber gelenkt und geleitet werden soll die Aufgabe der Erde selber, dann muss das vom Mittelpunkt des ganzen Systems heraus geschehen.

Ich habe Ihnen gesagt: Unsere Menschheit entwickelt sich durch Saturn, Sonne, Mond, Erde, Jupiter, Venus und Vulkan. Die Wesenheiten der geistigen Hierarchie, die von einem Planeten zum andern hinüber die Menschheitsmission dirigieren, das sind die Gewalten, die Geister der Form. Die müssen an einem auserlesenen Platz sein; sie sind eben so, dass ihr Herrschaftsgebiet bis hinauf zur Sonne geht. Die Sonne war ja schon da als ein besonderer Körper neben dem alten Mond, sie ist jetzt wieder da neben der Erde, wird auch noch neben dem Jupiter sein. Ihr Herrschaftsgebiet geht über den einzelnen Planeten hinaus. Daher muss das Dasein der Sonne verbunden sein mit denjenigen geistigen Wesenheiten, deren Herrschaftsgebiet auch hinausgeht über den einzelnen Planeten. Insofern ist also die Sonne allerdings ein ausgezeichneter Körper, dass bis zu ihr jenes Herrschaftsgebiet geht, das sich erstreckt über den einzelnen Planeten hinaus. So sehen Sie, dass wir eigentlich den äußeren Raumkreis, den äußeren Wohnort der Hierarchien finden nicht so sehr auf den einzelnen Planeten, als in den Kreisen, die durch die Planeten begrenzt werden wie durch Marken. Wenn Sie sich den ganzen Umkreis denken von der Erde bis zum Mond, so ist er ausgefüllt mit Engelwirksamkeit, und den Umkreis von der Erde bis zum Merkur, so ist er ausgefüllt mit der Wirksamkeit der Erzengel und so weiter.

Also wir haben es mit Raumsphären zu tun, und die Planeten sind die Marken, die Grenzsteine für diese Raumwirksamkeiten der höheren Wesenheiten. Wir sehen also, dass sozusagen eine fortgehende Linie der Vollkommenheit zu suchen ist vom Menschen nach aufwärts. Der Mensch selber ist an die Erde gefesselt; dasjenige, was als Ewiges von einer Inkarnation zur andern geht, wird gelenkt von Wesenheiten, die nicht nur an die Erde gefesselt sind, sondern die den Luftkreis und das, was über ihm liegt bis zum Mond hinaus, durchmessen – und so weiter hinauf.»[109]

Paulus vor Damaskus und die Überwindung des Todes

Paulus ist derjenige Mensch, der in Bezug auf die Engellehre des Dionysios in gewisser Weise den Anfang und auch den Schluss des Ganzen bildet.

Nach dem Erlebnis bei Damaskus, das häufig seine Bekehrung genannt wird, begab sich Paulus auf Missionsreisen. Dabei besuchte er vor allem nichtjüdische Länder, weshalb er auch der «Heidenapostel» genannt wird. Eine dieser Reisen führte ihn nach Athen. Die Apostelgeschichte des *Neuen Testamentes* berichtet darüber in Kapitel 17:

«Empört und erschüttert stellte er fest, dass ihre Straßen von zahllosen Götterstatuen gesäumt waren, und er begann, mit den Leuten Gespräche zu führen. In der Synagoge redete er mit den Juden und mit denen, die sich zur jüdischen Gemeinde hielten, und auf dem Marktplatz unterhielt er sich Tag für Tag mit denen, die er dort antraf.

Dabei kam es auch zu Diskussionen mit epikureischen und stoischen Philosophen. Einige von ihnen spotteten: ‹Was will eigentlich dieser sonderbare Vogel mit seinen aufgepickten Weisheiten? Glaubt er, er könne uns etwas beibringen?› Andere meinten: ‹Es scheint, als wolle er Propaganda für irgendwelche fremden Götter machen!› Zu diesem Schluss kamen sie, weil sie Paulus, als er das Evangelium verkündete, von Jesus und von der Auferstehung reden hörten.

Schließlich nahmen sie Paulus in ihre Mitte und führten ihn vor den Areopag, den Stadtrat von Athen. ‹Dürften wir erfahren, was das für eine neue Lehre ist, die du da vertrittst?›, sagten sie.

‹Du redest über Dinge, die uns bisher noch nie zu Ohren gekommen sind, und es würde uns interessieren, worum es dabei eigentlich geht.› (Man muss dazu wissen, dass sich sämtliche Einwohner Athens und sogar die Fremden, die sich nur vorübergehend in dieser Stadt aufhalten, ihre Zeit am liebsten damit vertreiben, stets das Allerneuste in Erfahrung zu bringen und es weiterzuerzählen.)

Da trat Paulus vor die Ratsmitglieder und alle anderen, die zusammengekommen waren, und begann: ‹Bürger von Athen! Ich habe mich mit eigenen Augen davon überzeugen können, dass ihr außergewöhnlich religiöse Leute seid. Als ich nämlich durch die Straßen eurer Stadt ging und mir eure Heiligtümer ansah, stieß ich auf einen Altar mit der Inschrift: *Für einen unbekannten Gott*. Ihr verehrt also ein göttliches Wesen, ohne es zu kennen. Nun, gerade diese euch unbekannte Gottheit verkünde ich euch. Meine Botschaft handelt von dem Gott, der die ganze Welt mit allem, was darin ist, geschaffen hat. Er, der Herr über Himmel und Erde, wohnt nicht in Tempeln, die von Menschen erbaut wurden. Er ist auch nicht darauf angewiesen, dass wir Menschen ihm dienen. Nicht er ist von uns abhängig, sondern wir von ihm. Er ist es, der uns allen das Leben und die Luft zum Atmen gibt und uns mit allem versorgt, was wir zum Leben brauchen. Aus einem einzigen Menschen hat er alle Völker hervorgehen lassen. Er hat bestimmt, dass sich die Menschen über die ganze Erde ausbreiten, und hat festgelegt, wie lange jedes Volk bestehen und in welchem Gebiet es leben soll. Mit allem, was er tat, wollte er die Menschen dazu bringen, nach ihm zu fragen; er wollte, dass sie – wenn irgend möglich – in Kontakt mit

Dionysios Areopagita, Verkündigungskirche Sevilla

ihm kommen und ihn finden. Er ist ja für keinen von uns in unerreichbarer Ferne. Denn in ihm, dessen Gegenwart alles durchdringt, leben wir, bestehen wir und sind wir. Oder, wie es einige eurer eigenen Dichter ausgedrückt haben: *Er ist es, von dem wir abstammen.* Wenn wir nun aber von Gott abstammen, dürfen wir nicht meinen, die Gottheit gleiche jenen Statuen aus Gold, Silber oder Stein, die das Produkt menschlicher Erfindungskraft und Kunstfertigkeit sind. In der Vergangenheit hat Gott gnädig über die Verfehlungen hinweggesehen, die die Menschen in ihrer Unwissenheit begangen haben. Doch jetzt fordert er alle Menschen an allen Orten zur Umkehr auf. Er hat nämlich einen Tag festgesetzt,

Dionysios Areopagita

an dem er durch einen von ihm bestimmten Mann über die ganze Menschheit Gericht halten und über alle ein gerechtes Urteil sprechen wird. Diesen Mann hat er vor aller Welt als den künftigen Richter bestätigt, indem er ihn von den Toten auferweckt hat.

Als Paulus von der Auferstehung der Toten sprach, brach ein Teil der Zuhörer in Gelächter aus, und andere sagten: ‹Über dieses Thema wollen wir zu einem späteren Zeitpunkt mehr von dir erfahren.› Damit endete die Anhörung, und Paulus verließ die Ratsversammlung. Doch einige Leute schlossen sich ihm an und kamen zum Glauben, so zum Beispiel Dionysios, ein Mitglied des Stadtrats, und eine Frau namens Damaris; und es gab noch andere, die zusammen mit diesen beiden an Jesus glaubten.»[110]

Bei dieser Gelegenheit also begegnet Paulus Dionysios und findet in ihm einen aufmerksamen Schüler. Dionysios wird später zum ersten Bischof von Athen. Auf ihn geht die Hier-

Gamaliel mit Schülern, Miniatur aus einer Haggadah, 1350

archienlehre zurück, die über Jahrhunderte einen großen Einfluss auf das kirchliche Leben ausübte.

Mit Paulus' Wirken beginnt also die Orientierung von Dionysios, und mit Dionysios kommt die aus alten Quellen stammende Engellehre zu einer neuen Verkündung.

Es ist die Geschichte einer zweifachen Bekehrung, denn auch Paulus gehörte anfangs nicht zu den Christen.

Geboren wurde er bald nach der Zeitenwende (man vermutet um das Jahr 10) in Tarsus, einer in der Antike am südöstlichen Mittelmeer gelegenen griechischen Stadt. Sie liegt am Golf von Issus, einem Ort, der durch die 323 Jahre zuvor ausgetragene Schlacht Alexanders des Großen mit Dareios III. berühmt wurde. Eine wechselvolle Geschichte ließ die Stadt zu einem Begegnungsort vielfältiger Kulturen und Sprachen werden. Aus Babylon, Persien, Griechenland und schließlich

Rom kamen ihre Herren. Von 171 v. Chr. an hieß sie Antiocchia am Kydnos und ab 47 v. Chr. Juliopolis, da sie im Bürgerkrieg Gaius Julius Cäsar die Treue gehalten hatte.

Die römische Herrschaft versah den hier geborenen Paulus mit dem römischen Bürgerrecht, das ihm im Laufe seines kämpferischen Lebens aus mancher Schwierigkeit helfen sollte.

Paulus wurde als Kind jüdischer Eltern geboren und bereits in seiner Jugend zu einem Thoralehrer ausgebildet. Er war Pharisäer und wuchs nach eigener Auskunft (Apostelgeschichte, Kapitel 22,3) in Jerusalem auf, wo er Unterricht bei Gamaliel, einem hoch angesehenen Gelehrten, erhielt. «Mein Lehrer war kein Geringerer als Gamaliel. Bei ihm erhielt ich eine gründliche Ausbildung in dem Gesetz, das uns von unseren Vorfahren her überliefert ist, und ich kämpfte leidenschaftlich für Gottes Ehre.»[111]

Umgangssprachlich verkehrte Paulus im Koine-Dialekt, der im östlichen Mittelmeerraum Gemeinsprache war.

Lukas, der Verfasser der Apostelgeschichte, führt Paulus mit dem Namen Saulus ein, der von Saul, dem ersten König Israels, abgeleitet ist. Im Gegensatz zum hebräischen Namen Saul ist Paulus ein Name aus der hellenistisch-römischen Welt. Paulus selbst verwendete in seinen Briefen stets nur diesen Namen. Lukas nennt ihn in der Apostelgeschichte 13,9 «Saulus – sein römischer Name ist Paulus».

Juden wählten im fremden Lebensumfeld und in der Diaspora häufig einen zweiten Namen, der für Außenstehende sogleich verständlich war und möglichst ähnlich wie ihr ursprünglicher Name klang. Paulus gab damit zugleich einen Hinweis auf sein römisches Bürgerrecht und erleichterte dadurch seine Missionstätigkeit.

Die Bekehrung des Paulus, um 1430

Martin Hengel bemerkt dazu: «Was den Namen ‹Paulus› anbelangt, so muss man sagen, dass er bei Römern nicht sehr häufig, bei Nichtrömern jedoch vor allem im griechischen Osten extrem selten war, und bei Juden sonst überhaupt nicht vorkommt.»[112]

Paulus verschwieg weder die Tatsache noch die Umstände seines Sinneswandels. Sowohl in der Apostelgeschichte als auch in seinen Briefen wird von der strengen Konsequenz berichtet,

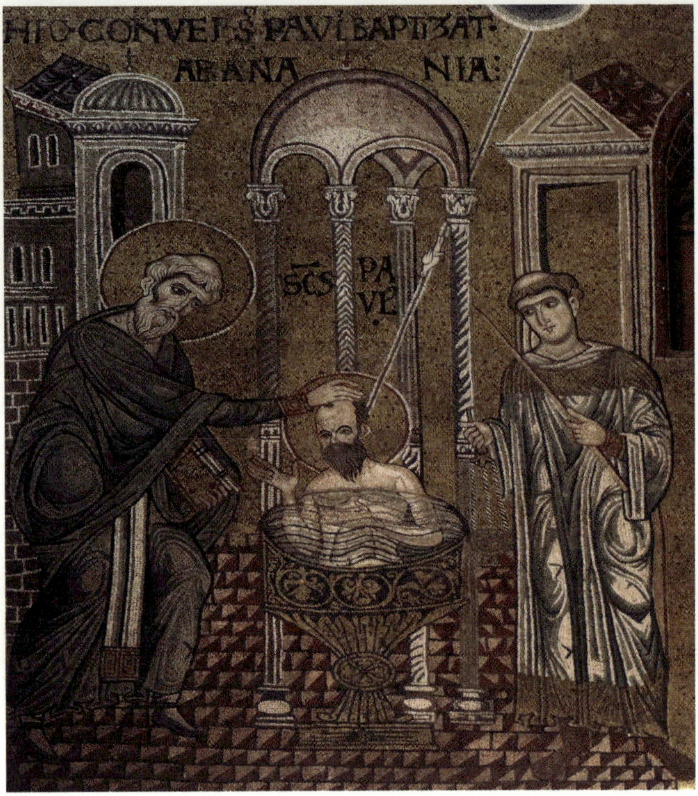

Hananias tauft Paulus, Kathedrale von Monreale, Palermo, Mosaik, 12. Jh.

mit der er von Geburt an den jüdischen Gesetzen gefolgt ist. Es wird von der Verfolgung Andersgläubiger und Abweichler bis hin zu Steinigungen berichtet.

Die Bekehrung des Paulus wird in der Apostelgeschichte ausführlich geschildert:

«Saulus führte weiterhin einen wütenden Kampf gegen die Jünger des Herrn. Er drohte ihnen mit dem Tod und war entschlossen, die Gemeinde auszurotten. Auch in Damaskus wollte er die Anhänger der neuen Lehre aufspüren, um sie alle – Männer wie Frauen – in Ketten nach Jerusalem zu bringen. Zu diesem Zweck wandte er sich an den Hohepriester und bat ihn um Briefe mit einer entsprechenden Bevollmächtigung, die er den Synagogen in Damaskus vorlegen wollte.

Als er nun nach Damaskus unterwegs war und die Stadt schon fast erreicht hatte, leuchtete plötzlich vom Himmel her ein Licht auf. Von allen Seiten umgab ihn ein solcher Glanz, dass er geblendet zu Boden stürzte. Gleichzeitig hörte er, wie eine Stimme zu ihm sagte: ‹Saul, Saul, warum verfolgst du mich?›

‹Wer bist du, Herr?›, fragte Saulus. Die Stimme antwortete: ‹Ich bin der, den du verfolgst; ich bin Jesus.

Doch jetzt steh auf und geh in die Stadt! Dort wird man dir sagen, was du tun sollst.›

Zu ihm sagte der Herr in einer Vision: ‹Hananias!› – ‹Ja, Herr?›, erwiderte Hananias. ‹Geh in die Gerade Straße›, befahl ihm der Herr, ‹und frage im Haus des Judas nach einem Saulus aus Tarsus. Du musst Folgendes wissen: Saulus betet, und in einer Vision hat er gesehen, wie ein Mann namens Hananias in sein Zimmer tritt und ihm die Hände auflegt, damit er wieder sehen kann.›

‹Herr›, entgegnete Hananias, ‹von den verschiedensten Seiten habe ich erfahren, wie viel schreckliche Dinge dieser Mann in Jerusalem denen angetan hat, die zu deiner Gemeinde gehören.

Außerdem ist er von den führenden Priestern dazu ermächtigt, hier in Damaskus alle zu verhaften, die sich zu deinem Namen bekennen.›

Aber der Herr sagte: ‹Geh trotzdem zu ihm! Denn gerade ihn habe ich mir als Werkzeug ausgewählt, damit er meinen

Namen in aller Welt bekannt macht – bei den nichtjüdischen Völkern und ihren Herrschern ebenso wie bei den Israeliten. Und ich will ihm zeigen, wie viel er von jetzt an um meines Namens willen leiden muss.› Da machte sich Hananias auf den Weg und ging in jenes Haus. Er legte Saulus die Hände auf und sagte: ‹Saul, mein Bruder! Der Herr selbst – Jesus, der dir auf deiner Reise hierher erschienen ist – hat mich geschickt. Er möchte, dass du wieder sehen kannst und mit dem Heiligen Geist erfüllt wirst.›

Im selben Augenblick war es, als würden Schuppen von Saulus' Augen fallen: Er konnte wieder sehen! Saulus stand auf und ließ sich taufen.

Und nachdem er etwas gegessen hatte, kehrten seine Kräfte zurück.»[113]

Auf das Geschehen, von dem die Apostelgeschichte berichtet, hat Paulus immer wieder zurückgeblickt. Er war sich dessen und seiner Bedeutung bewusst. Er fand darin ein «Wunder», eine «Gnade» und den unmittelbaren Beweis von der Existenz des Christus als Gottes Sohn. Es verlieh ihm die Kraft und den Inhalt seiner Mission, die er als Auftrag Gottes empfand.

Im Brief an die Galater, den Einwohnern einer nahe des heutigen Ankara gelegenen Stadt und einem der ersten von Paulus christianisierten Keltenstämme, schreibt er:

«Gott hatte mich ja schon für sich ausgesondert, als ich noch im Leib meiner Mutter war, und hatte mich in seiner Gnade dazu bestimmt, ihm zu dienen.

Als er mir nun seinen Sohn offenbarte – mir ganz persönlich –, gab er mir den Auftrag, die Gute Nachricht von Jesus Christus unter den nichtjüdischen Völkern zu verkünden. Daraufhin holte ich nicht erst den Rat von Menschen ein.

Ich ging auch nicht nach Jerusalem hinauf zu denen, die schon vor mir Apostel waren. Nein, ich machte mich auf den Weg nach Arabien, und von Arabien kehrte ich nach Damaskus zurück. Erst dann – drei Jahre später – ging ich nach Jerusalem, um Petrus kennenzulernen, und blieb zwei Wochen bei ihm.

Von den anderen Aposteln habe ich während dieser Zeit keinen gesehen außer Jakobus, den Bruder des Herrn.»[114]

Ein eigentümlicher Hinweis auf eine Vorbestimmung seiner Mission im Mutterleib, die ganz persönlich an ihn ergangene Offenbarung und die Betonung, dass er nicht als Erstes den Kontakt mit den übrigen Aposteln und ihrem Oberhaupt Petrus gesucht habe, werfen Fragen nach den Motiven dieser Darstellung auf. Sie weisen auf ein außergewöhnliches Schicksal hin und auf einen gewissen Stolz, seine Gewissheit ohne die Belehrung durch die Altapostel gewonnen zu haben. Sind sie das Produkt einer eitlen Selbstbespiegelung?

«Der erste Brief an die Korinther» ergänzt die erwähnte Schilderung:

«Zu dieser Botschaft, die ich so an euch weitergegeben habe, wie ich selbst sie empfing, gehören folgende entscheidenden Punkte: Christus ist – in Übereinstimmung mit den Aussagen der Schrift – für unsere Sünden gestorben.

Er wurde begraben, und drei Tage danach hat Gott ihn von den Toten auferweckt – auch das in Übereinstimmung mit der Schrift.

Als der Auferstandene hat er sich zunächst Petrus gezeigt und dann dem ganzen Kreis der Zwölf.

Später zeigte er sich mehr als fünfhundert von seinen Nachfolgern auf einmal; einige sind inzwischen gestorben, aber die meisten leben noch.

Danach zeigte er sich Jakobus und dann allen Aposteln.

Als Letztem von allen hat er sich auch mir gezeigt; ich war wie einer, für den es keine Hoffnung mehr gibt, so wenig wie für eine Fehlgeburt.

Ja, ich bin der Unwürdigste von allen Aposteln. Eigentlich verdiene ich es überhaupt nicht, ein Apostel zu sein, denn ich habe die Gemeinde Gottes verfolgt.»[115]

In diesen Zeilen finden sich zentrale Aussagen der Theologie des Paulus, den manche heutigen Theologen wegen seiner Missionstätigkeit den «eigentlichen Schöpfer» des Christentums nennen. Übersehen wird dabei, dass Christus wirkte und Paulus lehrte. Theologen sind keine Religionsstifter. Allerdings war es eine Lehre, die sich nicht auf Gesetze, sondern auf Erfahrung stützte. Und die Erfahrung machte ihn authentisch. Zurückschauend auf die Gesetze seiner Thora-Ausbildung, schrieb er an die Philiper:

«Genau die Dinge, die ich damals für einen Gewinn hielt, haben mir – wenn ich es von Christus her ansehe – nichts als Verlust gebracht.

Mehr noch: Jesus Christus, meinen Herrn, zu kennen ist etwas so unüberbietbar Großes, dass ich, wenn ich mich auf irgendetwas anderes verlassen würde, nur verlieren könnte. Seinetwegen habe ich allem, was mir früher ein Gewinn zu sein schien, den Rücken gekehrt; es ist in meinen Augen nichts anderes als Müll. Denn der Gewinn, nach dem ich strebe, ist Christus; es ist mein tiefster Wunsch, mit ihm verbunden zu sein. Darum will ich nichts mehr wissen von jener Gerechtigkeit, die sich auf das Gesetz gründet und die ich mir durch eigene Leistungen erwerbe. Vielmehr geht es mir um die Gerechtigkeit, die uns durch den Glauben an Christus geschenkt wird – die Gerechtigkeit, die von Gott kommt und deren Grundlage der Glaube ist. Ja, ich möchte Christus immer besser kennenlernen; ich möchte die Kraft, mit der Gott ihn von den Toten auferweckt hat, an mir selbst erfahren und möchte an seinem Leiden teilhaben, sodass ich ihm bis in sein Sterben hinein ähnlich werde.

Dann werde auch ich – das ist meine feste Hoffnung – unter denen sein, die von den Toten auferstehen.»[116]

Rätselhaft bleiben der Hinweis auf seine Geburt und die Einschätzung, der Unwürdigste aller Apostel zu sein.

Die nicht leicht zu durchschauende Bemerkung zu seiner Geburt erfährt eine Aufklärung bei Rudolf Steiner, der von der Frage ausgeht, wodurch Paulus das Damaskus-Erlebnis überhaupt haben konnte, und es mit Paulus' sorgfältiger geistiger Erziehung und eben auch mit den Umständen seiner Geburt in Zusammenhang bringt.

«Er wusste aus seiner hebräischen Einweihung heraus: Wenn der Christus-Geist in einem menschlichen Leib gewesen ist und dieser menschliche Leib tot ist, dann muss in der Erdenaura der Christus vorhanden sein. Dann muss es möglich sein für den, der selber mit geistigem Auge in die Erdenaura schauen kann, dass ihm der Christus sichtbar wird. Das wusste er. Nur war er bis dahin nicht fähig geworden, in die Erdenaura hineinzuschauen. Er war zwar ein Eingeweihter in die Weisheit, aber kein Hellseher. Aber er hatte eine Vorbedingung, um ein Hellseher auf einem abnormen Wege zu werden, und diese Vorbedingung spricht er selber aus. Er spricht sie so aus, dass er sie als eine Gnade bezeichnet, die ihm von oben verliehen worden ist: Er sagt von sich selber, dass er eine Frühgeburt sei, was gewöhnlich übersetzt wird mit ‹eine unzeitige Geburt›. Er ist nicht ausgetragen worden im mütterlichen Leibe; er ist aus der geistigen Welt in die physische Welt heruntergestiegen, als er noch nicht völlig eingetaucht war in alle Elemente des Erdendaseins. Früher, als man sich sonst entreißt jenen Verbindungen, in denen man noch unbewusst den geistigen Mächten angehört, ist er in die Welt gekommen. Das Ereignis von Damaskus wurde dadurch möglich, dass ihm das geistige Auge geöffnet wurde als einer Geburt, die zur Unzeit zur Welt gekommen war. So wurde ihm als einer Frühgeburt das geistige Auge eröffnet; er sah in die Erdenaura hinein und sah, dass der Christus darinnen war. Also musste der Zeitpunkt, da dieser Christus durch einen physischen Menschenleib gewandelt war, schon dagewesen sein. Der Beweis war ihm geliefert worden, dass der Christus an dem Kreuz gestorben war. Denn derjenige, von dem er wusste, dass er den Tod auf der Erde überwinden würde, der war ihm als geistig Lebendiger erschienen. Das Ereignis von Golgatha kannte er jetzt in seiner Bedeutung. Er wusste: Der Christus ist auferstanden! Denn derjenige, den er gesehen hatte, der konnte früher nicht in der Erdenaura gesehen werden.»[117]

Damit wird verständlich, wieso Paulus überhaupt zu einem solchen Sinneswandel, wie er vor Damaskus eingetreten ist, fähig sein konnte. Er war doppelt vorbereitet: durch Geburt und Erziehung. So konnte ihn der Blitzschlag des Gewissens und die Gewissheit der Christus-Schau treffen. Das wird von Rudolf Steiner an anderer Stelle kurz zusammengefasst.

«Einer von denen, die ihn in unserer Erdensphäre wahrgenommen haben, war Paulus. Er wusste als Saulus wohl, dass der Messias kommen würde und die Erde mit dem Sonnengeiste vereint werden würde, er glaubte ihn jedoch noch in weiter Ferne. Auf dem Wege nach Damaskus wurde er plötzlich hellsehend und erkannte, dass das große Ereignis bereits stattgefunden hatte und dass Jesus von Nazareth der Langerwartete war. Dieses Erlebnis wandelte ihn zum Paulus um, und er verkündete fortan als begeisterter Apostel das Geschehene.»[118]

Das «Unzeitige» seiner Geburt ist als ein «Zeitloses», d. h. noch nicht den irdischen Gesetzen des Zeitlichen bzw. dem kausalen Nacheinander oder dem materiell Gesetzmäßigen Unterworfenes zu verstehen.

Auch wenn Paulus sich den «Unwürdigsten» der Apostel nennt, ist ein anderes zu berücksichtigen. Er kam zwar als der Letzte zum Kreis der Urapostel hinzu und war nicht unmittelbarer Schüler des Christus zu dessen Lebzeiten. Vielmehr verfolgte er die Gemeinde mit dem Ziel, ihr zu schaden.

Andererseits war er der Erste, der sich von der Wirklichkeit des Christus auf geistigem Wege überzeugen konnte.

Insofern kann mit mindestens gleichem Nachdruck gesagt werden, dass Paulus nicht der Letzte, sondern der Erste gewesen ist.

Und tatsächlich äußert sich Paulus so im zweiten Brief an die Korinther:

«In nichts nämlich stand ich den ‹Überaposteln› nach, auch wenn ich nichts bin.»[119]

Diese Erklärung steht in Kontrast zu der Bezeichnung als «Unwürdigster». Sie ist selbstbewusst und zeigt zugleich die Demut, in der sich der scheinbare Gegensatz aufhebt.

Paulus war ein Erstling, sein Wirken nicht unzeitig, sondern vorzeitig, seiner Zeit voraus. Das wird durch einen Hinweis verständlich, den Rudolf Steiner ab dem Jahr 1910 in vielen Städten gegeben hat.

«Eine kleinere Anzahl von Menschen wird durch eigene Erfahrung nachleben, was Saulus bei Damaskus zum Paulus umwandelte. Ebenso wie er, werden sie plötzlich sehen, dass Christus sich mit der Erde vereinigt hat durch seinen Kreuzestod auf Golgatha. Dieses gewaltige innere Erlebnis, welches in nicht ferner Zukunft manche haben werden, ist, was als die ‹Wiedererscheinung des Christus› verheißen worden ist. Denn einmal nur erschien Christus im Fleische und war mit physischen Sinnen zu sehen, als die Menschheit nicht hellsichtig war. Doch er ist bei den Menschen geblieben, wie er es selbst versprach: ‹Ich bin bei euch alle Tage bis an das Ende der Welt.› In fleischlicher Hülle ist Christus nicht geblieben und wird auch nicht wieder im Fleische erscheinen. Wer an die Steigerung der menschlichen Fähigkeiten glaubt, wird dies verstehen.»[120]

Diese Veränderung des Bewusstseins der Menschen des 21. Jahrhunderts und der nachfolgenden Zeiten wird nicht das Einzige bleiben, was mit dem Wiedererscheinen des Christus im Ätherischen verbunden ist. Im Vortrag von Rom stellt Rudolf Steiner weitere geistige Fähigkeiten vor, die mit der zukünftigen Menschheit verbunden sein werden:

«In nicht ferner Zeit wird zu der physischen Sinneswahrnehmung ein beginnendes Hellsehen hinzutreten. An zweierlei Erscheinungen wird dieser Aufstieg zu erkennen sein. Es wird in einzelnen Menschen – und ihre Zahl wird stets wachsen – die Fähigkeit erwachen, die ätherischen Formen zu sehen, welche das Physische umgeben. Um den Menschenleib herum werden sie die feine Hülle des Lebensleibes schimmern sehen.

Außer dieser Bereicherung des Sehens werden einzelne Menschen beim Begehen einer Tat etwas wie ein Traumbild auftauchen sehen. Anfangs werden diese Bilder kaum beachtet und vor allem nicht verstanden werden. Sie werden erst schattenhaft sein und nur allmählich deutlicher werden; besonders in denen, die materialistisch gesinnt sein werden. Denn je stärker der Materialismus einen Menschen gefangen hält, desto schwerer wird es ihm, sich des Geistigen bewusst zu werden und Überphysisches wahrzunehmen. Die künftigen Hellsehenden werden natürlich als Narren verspottet und vielleicht als Kranke eingesperrt werden. Das wird jedoch nicht verhindern können, was geschehen soll. Das übersinnliche Schauen wird immer deutlicher und häufiger werden, und die Menschen werden begreifen, was sich ihrem Blicke erschließt. Die ätherischen Formen werden sie lehren, dass überall Leben ist, und in den auftauchenden Visionen werden sie bald karmische Ausgleichungsbilder erkennen. Sie werden sehen, was sie durch eine Tat geschaffen haben, und verstehen, wie sie dieselbe, falls sie böse war, wieder auszugleichen haben werden.»[121]

Welche bedeutende Aufgabe diesbezüglich Paulus zufiel, wird durch Ausführungen, die in zeitlicher Nähe zum selben Themenkreis in Köln unter dem Titel «Buddhismus und das paulinische Christentum» gemacht wurden, deutlich:

«Paulus musste den Menschen beibringen, dass das Arbeiten in der einzelnen Inkarnation in der Tat von großem Gewichte ist. Er musste diese Lehre gleichsam übertreiben, im Gegensatz zu der verhältnismäßig kurz vorher verkündeten Lehre des Buddha, dass die einzelne Inkarnation wertlos sei. Man sollte lernen auszusprechen: ‹Nicht ich, der Christus in mir!› Das ist das geläuterte Ich. Das geistige Leben wurde durch Paulus für alle Zukunft von dieser einen Inkarnation abhängig gemacht. Nachdem eine solche Erziehung der Seelen sich vollzogen hat, dass eine genügende Anzahl Menschen in den abgelaufenen zwei Jahrtausenden durch sie hindurchgegangen sind, ist die Zeit wieder angebrochen, um Karma und Reinkarnation zu lehren. Wir müssen versuchen, unser Ich wiederherzustellen in den Zustand, in dem es war, bevor die Inkarnationen angefangen haben.»[122]

Buddha und Paulus folgen aufeinander. Der eine bereitet vor, der andere setzt fort. Mit diesem Vorgang wird kein Streit zwischen Weltanschauungen geschildert, sondern Zusammenwirken und gemeinsames Fortschreiten.

Von Paulus sind auch die Worte aus dem ersten Brief an die Korinther, die das «Hohelied der Liebe» genannt werden. Sie hat Rudolf Steiner persönlich in einer freien Übertragung übersetzt. Sie lauten:

«Doch ich will euch zeigen den Weg, der höher ist denn alles andere:

Wenn ich reden könnte mit Menschen- oder mit Engelzungen aus dem Geiste und ermangelte der Liebe, so ist meine Rede tönend Erz und eine klingende Schelle.

Und wenn ich weissagen könnte und alle Geheimnisse offenbaren und alle Erkenntnisse der Welt mitteilen, und wenn ich allen Glauben hätte, der Berge selbst versetzen könnte, und ermangelte der Liebe, es wäre alles nichts.

Und wenn ich alle Geistesgaben austeilte, ja, wenn ich meinen Leib selber hingäbe zum Verbrennen, und ermangelte der Liebe, es wäre alles unnütz.

Die Liebe währet immer. Die Liebe ist gütig, die Liebe kennt nicht den Neid, die Liebe kennt nicht die Prahlerei, kennt nicht den Hochmut, die Liebe verletzt nicht, was wohlanständig ist, sucht nicht ihre Vorteile, lässt sich nicht in Aufreizung bringen, trägt niemandem Böses nach, freut sich nicht über Unrecht, freut sich nur mit der Wahrheit.

Die Liebe umkleidet alles, durchstömt allen Glauben, darf auf alles hoffen, darf überall Duldung üben.

Die Liebe kann nie, wenn sie ist, verloren gehen. Was man weissaget, gehet dahin, wenn es erfüllt ist; was man mit Zungen redet, höret auf, wenn es nicht mehr zu Menschenherzen sprechen kann; was erkannt wird, höret auf, wenn der Gegenstand der Erkenntnis erschöpft ist.

Denn Stückwerk ist alles Erkennen, Stückwerk ist alle Weissagung.

Doch wenn das Vollkommene kommt, dann ist es mit dem Stückwerk dahin.

Da ich ein Kind war, sprach ich wie ein Kind, fühlte ich, dachte ich wie ein Kind. Da ich ein Mann ward, war es mit des Kindes Welt vorbei.

Jetzt sehen wir im Spiegel nur dunkle Konturen, dereinst schauen wir den Geist von Angesicht zu Angesicht. Jetzt ist mein Erkennen Stückwerk, dereinst werde ich ganz erkennen, wie ich selber bin.

Nun, bleibend ist Glaube, bleibend ist Hoffnung in Sicherheit, bleibend ist Liebe. Die Liebe aber ist das Größte unter ihnen; daher steht die Liebe obenan.»[123]

Im zweiten Brief an die Korinther berichtet Paulus von einem Leiden, das seinen Körper wie ein Stachel durchbohrt. Einem Engel des Satans wurde erlaubt, ihn mit Fäusten zu schlagen, damit er vor Überheblichkeit bewahrt bleibe.

So entdeckt Paulus die Umkehr äußerer Stärke. Was gemeinhin Erbsünde genannt wird und ihn wie alle Menschen schwächt, stärkt ihn zuletzt. Leiden und Ohnmacht werden zur Kraft.

Dreimal habe er wegen des Angriffs des satanischen Engels zum Herrn gebetet, der Satansengel möge von ihm ablassen. Die Antwort, die er vernahm, lautete jedoch: «Meine Gnade ist alles, was du brauchst, denn meine Kraft kommt gerade in der Schwachheit zur vollen Auswirkung.» Und so beschließt er, mit größter Freude und mehr als alles andere seine Schwachheiten zu rühmen, weil dann die Kraft des Christus in ihm wohnt. In Paulus, dem Streiter, wirkt die Stärke der Demut.

Zum Ende des ersten Korintherbriefes spricht Paulus in Worten der Erwartung:

«Der erste Adam war aus dem Staub der Erde gemacht; der zweite Adam hat seinen Ursprung im Himmel. So, wie der irdische Adam beschaffen war, sind alle beschaffen, die zur Erde gehören; und so, wie der himmlische Adam beschaffen ist, werden alle beschaffen sein, die zum Himmel gehören. Genauso, wie wir jetzt das Abbild des irdischen Adams sind, werden wir einmal das Abbild des himmlischen Adams sein. [...]

Mit einem Körper aus Fleisch und Blut können wir nicht an Gottes Reich teilhaben, dem Erbe, das er für uns bereithält. Das Vergängliche hat keinen Anteil an dem, was unvergänglich ist. [...]

Denn was jetzt vergänglich ist, ist dazu bestimmt, das Kleid der Unvergänglichkeit anzuziehen; was jetzt sterblich ist, muss das Kleid der Unsterblichkeit anziehen. Und wenn das geschieht – wenn das Vergängliche mit Unvergänglichkeit bekleidet wird und das Sterbliche mit Unsterblichkeit –, dann geht die Aussage in Erfüllung, die in der Schrift steht:

‹Der Tod ist auf der ganzen Linie besiegt!
Tod, wo ist dein Sieg?
Tod, wo ist dein tödlicher Stachel?›»[124]

Für Paulus öffnet sich die zehnte Pforte.

Anmerkungen

1 Claus Westermann, *Gottes Engel brauchen keine Flügel*, Stuttgart [5]1989, S. 7.
2 Micha Josef bin Gorion, *Die Sagen der Juden*, Berlin 1935, S. 62 f.; 60.
3 1. Mose 28,10–17, zitiert nach Buber-Rosenzweig-Übersetzung von 1929, Martin Buber/Franz Rosenzweig, Die Schrift, *Bücher der Weisung*, Studien Online Bibel, www.obohu.cz/bible.
4 A.a.O., 1. Mose 32,25–32.
5 Micha Josef bin Gorion, *Die Sagen der Juden*, Köln 1997, S. 493 f.
6 Rudolf Steiner, *Die Geheimwissenschaft im Umriss*, GA 13, Dornach [30]1989, Seite 191.
7 A.a.O., S. 145 f.
8 A.a.O., S. 146.
9 Rudolf Steiner, *Allgemeine Menschenkunde als Grundlage der Pädagogik*, GA 293, Dornach [9]1992, S. 14.
10 Publius Ovidius Naso, *Metamorphosen*, übertragen und herausgegeben von Erich Rösch, München [13]1992, S. 7.
11 Wilhelm Schneemelcher, *Paulusakten, Neutestamentliche Apokryphen*, II, Tübingen 1989, 193-243: 216.
12 Apostelgeschichte 17,18–21, Neue Genfer Übersetzung, Deutsche Bibelgesellschaft Stuttgart.
13 Apostelgeschichte 17,24–34, Neue Genfer Übersetzung, Deutsche Bibelgesellschaft Stuttgart.
14 Rudolf Steiner, *Über Philosophie, Geschichte und Literatur. Darstellungen an der Arbeiterbildungsschule und der Freien Hochschule in Berlin*, GA 51, Dornach 1983, S. 200.
15 Alle Dionysios-Zitate aus *Himmlische Hierarchie* in der Übersetzung von Josef Stiglmayr, Bibliothek der Kirchenväter, 1. Reihe, Band 2, München 1911.
16 Rudolf Steiner, *Die Philosophie des Thomas von Aquino,* Dornach, 23. Mai 1920, GA 74, Dornach [4]1993, S. 48 f.

17 Rudolf Steiner, *Das Hereinwirken geistiger Wesenheiten in den Menschen,* 20. April 1908, GA 102, Dornach ^{4}2001, S. 138 f.

18 Rudolf Steiner, *Die geistige Führung des Menschen und der Menschheit,* GA 15, Dornach ^{10}1987, S. 35 ff.

19 Jesaja 20,1

20 Jesaja 14,5–12

21 Rudolf Steiner, *Die geistige Führung des Menschen und der Menschheit,* GA 15, Dornach ^{10}1987, S. 36 f.

22 Rudolf Steiner, *Allgemeine Menschenkunde als Grundlage der Pädagogik,* GA 293, Dornach ^{9}1992, S. 218.

23 Rudolf Steiner, «Was tut der Engel in unserem Astralleib?», Zürich, 9. Oktober 1918, in: *Der Tod als Lebenswandlung,* GA 182, Dornach ^{4}1996, S. 138.

24 A.a.O., S. 144.

25 A.a.O., S. 145 f.

26 A.a.O., S. 146.

27 A.a.O., S. 156 f.

28 A.a.O., S. 159 f.

29 Nach Ernst Tegethoff, *Französische Volksmärchen.*

30 Nach Pauline Schullerus, *Rumänische Volksmärchen aus dem mittleren Harbachtal.*

31 Nach Fjodor M. Dostojewski, *Die Brüder Karamasow.*

32 Nach den Brüdern Grimm.

33 Rudolf Steiner, «Die Weltentwickelung und der Mensch», in: *Die Geheimwissenschaft im Umriss,* GA 13, Dornach ^{30}1989, S. 164.

34 Rudolf Steiner, *Wege der geistigen Erkenntnis und der Erneuerung künstlerischer Weltanschauung,* 9. Januar 1915, GA 161, Dornach ^{2}1999, S. 14 f.

35 Rudolf Steiner, *Geistige Hierarchien und ihre Widerspiegelung in der physischen Welt,* 16. April 1909, GA 110, Dornach ^{7}1991, S. 111 ff.

36 Rudolf Steiner, «Der Weg der Erkenntnis und sein Zusammenhang mit der moralischen Natur des Menschen», 15. Januar 1912, in: *Erfahrungen des Übersinnlichen. Die drei Wege der Seele zu Christus,* GA 143, Dornach ^{4}1994, S. 51 f.

37 Rudolf Steiner, *Die Polarität von Dauer und Entwicklung im Menschenleben,* 8. September 1918, GA 184, Dornach ^{3}2002, S. 55.

38 Rudolf Steiner, «Das geistig-seelische Wesen des Menschen», in: *Gegenwärtiges und Vergangenes im Menschengeiste,* GA 167, Dornach [2]1962, S. 37.

39 2. Buch der Könige 15,1–7, *Lutherbibel 2017*, Deutsche Bibelgesellschaft, Stuttgart 2017.

40 2. Buch der Chronik 26,1–23, *Lutherbibel 2017*, Deutsche Bibelgesellschaft, Stuttgart 2017.

41 Jesaja 6,1–4, *Lutherbibel 2017,* Deutsche Bibelgesellschaft, Stuttgart 2017.

42 Jesaja 11,1–8, *Lutherbibel 2017,* Deutsche Bibelgesellschaft Stuttgart 2017.

43 Offenbarung des Johannes, 4. Kapitel, Neue Genfer Übersetzung, Deutsche Bibelgesellschaft Stuttgart 2009.

44 1. Korinther 15,47–49, Neue Genfer Übersetzung, Deutsche Bibelgesellschaft Stuttgart.

45 Rudolf Steiner, *Die Mission einzelner Volksseelen,* Vorrede, GA 121, Dornach [5]1982, S. 12.

46 Rudolf Steiner, *Der Orient im Lichte des Okzidents. Die Kinder des Luzifer und die Brüder Christi*, 26. August 1909, GA 113, Dornach [5]1982, S 73.

47 Rudolf Steiner, *Allgemeine Menschenkunde als Grundlage der Pädagogik,* 20. August 1919, GA 293, Dornach [9]1992, S. 217 ff.

48 Rudolf Steiner, *Die geistigen Wesenheiten in den Himmelskörpern und Naturreichen,* Helsinki, 5. April 1912, GA 136, Dornach [6]1996, S. 48 f.

49 A.a.O., S. 51.

50 A.a.O., S. 53

51 Rudolf Steiner, *Die Schwelle der geistigen Welt,* GA 17, Dornach [7]1987, S. 12.

52 Rudolf Steiner, *Die Polarität von Dauer und Entwickelung im Menschenleben,* GA 184, Dornach [3]2002, S. 31.

53 Vgl. auch a.a.O.

54 A.a.O., S. 32.

55 A.a.O.

56 A.a.O., S. 33.

57 Rudolf Steiner, *Wege der geistigen Erkenntnis und der Erneuerung künstlerischer Weltanschauung,* 9. Januar 1915, GA 161, Dornach [2]1999, S. 14 f.

58 Walter Johannes Stein, in: Rudolf Steiner, *Allgemeine Menschenkunde,* GA 293, Dornach [9]1992, S. 218.

59 Rudolf Steiner, «Drei Etappen des Erwachens der menschlichen Seele», Prag, 28. April 1923, in: *Die menschliche Seele in ihrem Zusammenhang mit göttlich-geistigen Individualitäten,* GA 224, Dornach [3]1992, S. 117 ff.

60 1. Korinther 13,3–8, Neue Genfer Übersetzung, Deutsche Bibelgesellschaft Stuttgart.

61 Rudolf Steiner, *Die geistigen Wesenheiten in den Himmelskörpern und Naturreichen,* Helsinki, 5. April 1912, GA 136, Dornach [6]1996, S. 63 f.

62 Johann Wolfgang von Goethe, *Werke,* Hamburger Ausgabe in vierzehn Bänden, (HA), hrsg. von Erich Trunz, Band III, *Dramatische Dichtungen I,* München 2000, S. 45.

63 Rudolf Steiner, *Anthroposophische Leitsätze,* GA 26, Dornach [10]1998, S. 52 f.

64 Rudolf Steiner, *Die Polarität von Dauer und Entwickelung im Menschenleben,* 8. September 1918, GA 184, Dornach [3]2002, S. 56 f.

65 Rudolf Steiner, *Esoterische Betrachtungen karmischer Zusammenhänge,* Bd. 1, GA 235, Dornach [8]1994, S. 110.

66 Rudolf Steiner, *Anthroposophische Leitsätze,* GA 26, Dornach [10]1998, S. 58.

67 Rudolf Steiner, *Die geistigen Wesenheiten in den Himmelskörpern und Naturreichen,* Helsinki 6. und 7. April 1912, GA 136, Dornach [6]1996, S. 73 ff.

68 A.a.O., S. 76.

69 A.a.O., S. 74.

70 Vgl. Rudolf Steiner, *Die Evolution vom Gesichtspunkt des Wahrhaftigen,* GA 132, Dornach [7]1999.

71 A.a.O., S. 50 f.

72 A.a.O., S. 84 f.

73 Offenbarung 4,8, Neue Genfer Übersetzung, Deutsche Bibelgesellschaft Stuttgart.

74 Rudolf Steiner, *Die geistigen Wesenheiten in den Himmelskörpern und Naturreichen,* GA 136, Dornach [6]1996, S. 80 ff.

75 Lukas, 22,42 in: *Die Bibel nach Martin Luthers Übersetzung,* revidiert 2017, Stuttgart.

76 Paulus, Brief an die Galater, 2,20 in: *Die Bibel nach Martin Luthers Übersetzung,* revidiert 2017, Stuttgart.
77 Vgl. Rudolf Steiner, *Die Geheimwissenschaft im Umriss,* GA 13, Dornach [30]1989, S. 164.
78 Micha Josef bin Gorion, *Die Sagen der Juden*, Berlin 1935, S. 59 ff.
79 Rudolf Steiner, *Der Goetheanismus – ein Umwandlungsimpuls und Auferstehungsgedanke,* Dornach, 24. Januar 1919, GA 188, Dornach [3]1982, S. 159 f.
80 Rudolf Steiner, *Die geistigen Wesenheiten in den Himmelskörpern und Naturreichen,* Helsinki 7. April 1912, GA 136, Dornach [6]1996, S. 79 ff.
81 Seite «Phototransduktion» in Wikipedia, Bearbeitungsstand 11. November 2018.
82 Signalweiterleitung, a.a.O.
83 Seite «Auge» in: Wikipedia, Bearbeitungsstand 14. Januar 2019.
84 Landesakademie für Fortbildung und Personalentwicklung an Schulen, Esslingen, Online-Materialiensammlung des Lehrerfortbildungsservers Baden-Württemberg zum Stichwort «Sehvorgang», https://lehrerfortbildung-bw.de/st_digital/medienkompetenz/gestaltung-farbe/physiolo/vorgang/ (11. Februar 2019).
85 Rudolf Steiner, *Die Philosophie der Freiheit,* GA 4, Dornach, [16]1995, S. 76 f.
86 A.a.O., S. 92 ff.
87 A.a.O., S. 107.
88 A.a.O., S. 107.
89 Rudolf Steiner, *Die Ergänzung heutiger Wissenschaften durch Anthroposophie,* Zürich, 12. November 1917, GA 73, Dornach [2]1987, S. 147.
90 Rudolf Steiner, *Naturbeobachtung, Experiment, Mathematik und die Erkenntnisstufen der Geistesforschung*, Stuttgart, März 1921, GA 324, Dornach [3]1991, S. 56.
91 Hildegard von Bingen in: Heinrich Schipperges, *Welt und Mensch / De operatione Dei*, Salzburg 1965, S. 44 f.
92 Rudolf Steiner, *Die spirituellen Hintergründe der äußeren Welt. Der Sturz der Geister der Finsternis*, 7. Oktober 1917, GA 177, Dornach [5]1999, S. 89.
93 Johann Wolfgang von Goethe, *Werke,* Hamburger Ausgabe

in vierzehn Bänden, (HA), hrsg. von Erich Trunz, Band XIII, *Naturwissenschaft I,* München 2000, S. 46.

94 Fritz Bergemann (Hrsg.), *Eckermann: Gespräche mit Goethe,* Frankfurt/Main 1981, S. 106.

95 Augustinus Aurelius (354–430), Bischof von Hippo, Philosoph, Kirchenvater und Heiliger.

96 Lucius Annaeus Seneca (ca. 4 v. Chr.–65 n. Chr.), genannt Seneca der Jüngere, römischer Philosoph, Stoiker, Schriftsteller, Naturforscher und Politiker. Von Nero, seinem ehemaligen Schüler, zur Selbsttötung verurteilt.

97 Hesiod, *Theogonie*, übers. von Karl Albert, Sankt-Augustin [5]1993, Zeile 211–216.

98 *Homers Odyssee,* übersetzt von Johann Heinrich Voß, Elfter Gesang, Vers 488–491, nach dem Text der Erstausgabe 1781.

99 Micha Josef bin Gorion, *Die Sagen der Juden*, Berlin 1935, S. 59.

100 A.a.O., S. 57.

101 A.a.O., S. 47 ff.

102 Revidierte *Lutherbibel* von 2017, 1. Mose 3,19-24.

103 Rudolf Steiner, «Der Tod bei Mensch, Tier und Pflanze», Berlin, 29. Februar 1912, in: *Menschheitsgeschichte im Lichte der Geistesforschung,* GA 61, Dornach [2]1983, S. 411 f.

104 Rudolf Steiner, *Geistige Hierarchien und ihre Widerspiegelung in der physischen Welt,* 15. April 1909, Dornach [7]1991, GA 110, S. 92 f.

105 A.a.O., S. 93.

106 A.a.O., S. 94.

107 A.a.O., S. 95.

108 A.a.O., S. 100.

109 A.a.O., S. 105 ff.

110 Apostelgeschichte 17,16–34 in: *Neues Testament,* Neue Genfer Übersetzung, Romanel-sur-Lausanne/Stuttgart [4]2010, S. 281–284.

111 Apostelgeschichte 22,3, Neue Genfer Übersetzung, Deutsche Bibelgesellschaft Stuttgart.

112 Martin Hengel/Ulrich Heckel, *Paulus und das Antike Judentum, Wissenschaftliche Untersuchungen zum Neuen Testament,* Band 58, Tübingen 1991, S. 475.

113 Apostelgeschichte 9,2–19, Neue Genfer Übersetzung, Deutsche Bibelgesellschaft Stuttgart.

114 Brief an die Galater 1,15–19, Neue Genfer Übersetzung, Deutsche Bibelgesellschaft Stuttgart.

115 1. Korinther 15,3–9, Neue Genfer Übersetzung, Deutsche Bibelgesellschaft Stutgart.

116 Philipper 3,7–11, Neue Genfer Übersetzung, Deutsche Bibelgesellschaft Stuttgart.

117 Rudolf Steiner, *Das Johannes-Evangelium,* Kassel, 7. Juli 1909, GA 112, Dornach ^{6}1984, S. 269 f.

118 Rudolf Steiner, «Der Christus-Impuls und seine großen Verkünder», Rom, 13. April 1910, in: *Das Ereignis der Christus-Erscheinung in der ätherischen Welt,* GA 118, Dornach ^{3}1984, S. 222.

119 2. Korinther 12,11, Zürcher Bibel, Zürich 2007.

120 Rudolf Steiner, «Der Christus-Impuls und seine großen Verkünder», Rom, 13. April 1910, in: *Das Ereignis der Christus-Erscheinung in der ätherischen Welt,* GA 118, Dornach ^{3}1984, S. 225.

121 A.a.O., S. 224 f.

122 Rudolf Steiner, «Buddhismus und das paulinische Christentum», Köln, 27. Februar 1910, in: *Das Ereignis der Christus-Erscheinung in der ätherischen Welt,* GA 118, Dornach ^{3}1984, S. 89 f.

123 Übertragung von Rudolf Steiner, in: *Die Bhagavad Gita und die Paulusbriefe,* 1. Januar 1913, GA 142, Dornach ^{4}1982, S. 108 f.;, und in: *Übersetzungen und freie Übertragungen aus dem Alten und Neuen Testament,* GA 41a, Dornach 2018, S. 193 ff.

124 1. Korinther 15,47 ff., Neue Genfer Übersetzung, Deutsche Bibelgesellschaft, Stuttgart.

Literatur

Fritz Bergemann (Hrsg.), *Eckermann: Gespräche mit Goethe*, Frankfurt/Main 1981.

Micha Josef bin Gorion, *Die Sagen der Juden*, Berlin 1935.

Johann Wolfgang von Goethe, *Werke*, Hamburger Ausgabe in vierzehn Bänden, (HA), hrsg. von Erich Trunz.

Martin Hengel/Ulrich Heckel, *Paulus und das Antike Judentum, Wissenschaftliche Untersuchungen zum Neuen Testament*, Band 58, Tübingen 1991.

Hesiod, *Theogonie*, übers. von Karl Albert, 1993.

Olaf Oltmann, *Das Baptisterium von Florenz,* Stuttgart 2015.

Publius Ovidius Naso, *Metamorphosen*, übertragen und herausgegeben von Erich Rösch, München [13]1992.

Wilhelm Schneemelcher, *Paulusakten*, *Neutestamentliche Apokryphen,* II, Tübingen 1989.

Michael, Schubert, *Der Isenheimer Altar,* Stuttgart [2]2013.

Rudolf Steiner, *Die Philosophie der Freiheit*, GA 4, Dornach [16]1995.

- *Die Geheimwissenschaft im Umriss*, GA 13, Dornach [30]1989.
- *Theosophie*, GA 9.
- *Die geistige Führung des Menschen und der Menschheit*, GA 15, Dornach [10]1987.
- *Anthroposophische Leitsätze*, GA 26, Dornach [10]1998.
- Über Philosophie, Geschichte und Literatur. Darstellungen an der Arbeiterbildungsschule und der Freien Hochschule in Berlin, GA 51, Dornach 1983.
- «Der Tod bei Mensch, Tier und Pflanze», Berlin, 29. Februar 1912, in: *Menschengeschichte im Lichte der Geistesforschung*, GA 61, Dornach [2]1983.
- *Die Ergänzung heutiger Wissenschaften durch Anthroposophie*, Zürich, 12.11.1917, GA 73, Dornach [2]1987.
- *Die Philosophie des Thomas von Aquino*, Dornach, 23. Mai 1920, GA 74, Dornach [4]1993.
- *Das Hereinwirken geistiger Wesenheiten in den Menschen*, 20. April 1908, GA 102, Dornach [4]2001.

– *Geistige Hierarchien und ihre Widerspiegelung in der physischen Welt*, 16. April 1909, GA 110, Dornach ^{7}1991.
– *Das Johannes-Evangelium*, Kassel, 7. Juli 1909, GA 112, Dornach ^{6}1984
– *Der Orient im Lichte des Okzidents. Die Kinder des Luzifer und die Brüder Christi*, 26. August 1909, GA 113, Dornach ^{5}1982.
– «Der Christus-Impuls und seine großen Verkündiger», Rom, 13. April 1910, in: *Das Ereignis der Christus-Erscheinung in der ätherischen Welt*, GA 118, Dornach ^{3}1984
– *Die Mission einzelner Volksseelen*, Vorrede, GA 121, Dornach ^{5}1982.
– *Die Evolution vom Gesichtspunkte des Wahrhaftigen*, GA 132, Dornach ^{7}1999.
– *Die geistigen Wesenheiten in den Himmelskörpern und Naturreichen*, Helsinki, 5. April 1912, GA 136, Dornach ^{6}1996.
– «Der Weg der Erkenntnis und sein Zusammenhang mit der moralischen Natur des Menschen», 15. Januar 1912, in: *Erfahrungen des Übersinnlichen. Die drei Wege der Seele zu Christus*, GA 143, Dornach ^{4}1994.
– *Wege der geistigen Erkenntnis und der Erneuerung künstlerischer Weltanschauung*, 9. Januar 1915, GA 161, Dornach ^{2}1999.
– «Das geistig-seelische Wesen des Menschen», in: *Gegenwärtiges und Vergangenes im Menschengeiste*, GA 167, Dornach ^{2}1962.
– *Die spirituellen Hintergründe der äußeren Welt. Der Sturz der Geister der Finsternis*, 7. Oktober 1917, GA 177, Dornach ^{5}1999.
– «Was tut der Engel in unserem Astralleib?», Zürich, 9. Oktober 1918, in: *Der Tod als Lebenswandlung*, GA 182, Dornach ^{4}1996.
– *Die Polarität von Dauer und Entwicklung im Menschenleben*, 8. September 1918, GA 184, Dornach ^{3}2002.
– *Der Goetheanismus – ein Umwandlungsimpuls und Auferstehungsgedanke*, Dornach, 24. Januar 1919, GA 188, Dornach ^{3}1982.
– «Drei Etappen des Erwachens der menschlichen Seele», Prag, 28. April 1923, in: *Die menschliche Seele in ihrem Zusammenhang mit göttlich-geistigen Individualitäten*, GA 224, Dornach ^{3}1992.
– *Esoterische Betrachtungen karmischer Zusammenhänge*, Bd. 1, GA 235, Dornach ^{8}1994.
– *Allgemeine Menschenkunde als Grundlage der Pädagogik*, GA 293, Dornach ^{9}1992,
– *Naturbeobachtung, Experiment, Mathematik und die Erkenntnis-*

stufen der Geistesforschung, Stuttgart, März 1921, GA 324, Dornach, ^{3}1991.

Josef Stiglmayr (Übers.), *Himmlische Hierarchie*, Bibliothek der Kirchenväter, 1. Reihe, Band 2, München 1911.

Johann Heinrich Voß (Übers.), *Homers Odyssee*, Erstausgabe 1781.

Claus Westermann, *Gottes Engel brauchen keine Flügel*, Stuttgart ^{5}1989.

Der zitierte Wortlaut Rudolf Steiners folgt der im Rudolf Steiner Verlag erscheinenden Gesamtausgabe (GA). Die im Text angegebenen Seitenzahlen beziehen sich auf die zitierten Buchausgaben. Der Abdruck erfolgt mit freundlicher Genehmigung der Rudolf Steiner Nachlassverwaltung, Dornach/Schweiz.

Onlineausgaben der Bibel

www.die-bibel.de:

- Neue Genfer Übersetzung (NGÜ)
- *Lutherbibel 2017*

www.obohu.cz/bible

- Buber-Rosenzweig-Übersetzung (1929) – Martin Buber/Franz Rosenzweig, *Die Schrift, Bücher der Weisung.*

Bildnachweis

© VG Bild-Kunst, Bonn 2019 (S. 15); Marc Chagall, Jakobsleiter.

© Foto Dirk D., Schutzumschlag, «Stufenleiter der Tugenden», Fresko, Kloster Sucevița.

© Minnie Hein (S. 120 und 121); www.weltimtropfen.de; Vortrag 7.11.2005. © Maria Lai (S. 137). © Verlag Freies Geistesleben (S. 155 oben links); Stefan Leber, *Kommentar zu Rudolf Steiners Vorträgen über Allgemeine Menschenkunde als Grundlage der Pädagogik*, ^{2}2016, S. 1222. © Verlag Freies Geistesleben (S. 91); Olaf Oltmann, *Das Baptisterium von Florenz. Die Darstellung der Engelhierarchien in den Kuppelmosaiken*, 2015, S. 52 (Opera Santa Maria del Fiore, Cosimo Panini, Modena). © Verlag Freies Geistesleben (S. 81 und 137 rechts); Johannes W. Rohen, *Der Isenheimer Altar als Psychotherapeutikum*, ^{2}2016, S. 69 und 99 (Octave Zimmermann); Rudolf Steiner Nachlassverwaltung (S. 28 und 103).

Hartwig Schiller

Die Suche nach dem Unverlorenen

Von der Gegenwart des Christus in der Wirklichkeit

253 Seiten, gebunden mit Schutzumschlag

Ende 1909 und besonders intensiv 1910 und 1911 weist Rudolf Steiner in seinen Vorträgen auf eine Form des Wiedererscheinens des Christus hin – nicht in physischer Gestalt, sondern in der Sphäre der Lebenskräfte der Menschen. Hartwig Schiller beschreibt den historisch-spirituellen Kontext dieser neuen Offenbarung im Zusammenhang aktueller geistiger Erfahrung.

«Ratlosigkeit und Ohnmacht sind nicht allein Erlebnisschichten des gegenwärtigen Menschen. Schon im Übergang des 19. zum 20. Jahrhundert ist der Archetyp eines finalen Enderlebens seiner Zeitgenossen auf sozialer, künstlerischer und politischer Ebene wahrzunehmen, das im neuen Jahrhundert seine gesteigerte Fortsetzung findet.»

Verlag Freies Geistesleben

Olaf Oltmann

Das Baptisterium von Florenz

Die Darstellung der Engelhierarchien in den Kuppelmosaiken
269 Seiten, gebunden
mit Schutzumschlag

Über 20 Jahre lang hat Olaf Oltmann das Baptisterium in Florenz zu verschiedenen Zeiten und unter unterschiedlichen Lichtverhältnissen besucht, betrachtet und erlebt. Sein aus der Anschauung heraus entstandenes Buch über dieses architektonische und bilderreiche Gesamtkunstwerk folgt keinem Programm oder gedanklicher Gestaltung, sondern einem faszinierenden Weg, der sich dem Autor lebensgemäß ergeben hat. Seinen Betrachtungen zu den Engelhierarchien sowie der Hierarchienlehre des Dionysius Areopagita stellt Olaf Oltmann die Engellehre Rudolf Steiners zur Seite, die er ausführlich beschreibt. Steiner greift in seiner Geisteswissenschaft die Lehre des Dionysius Areopagita auf, begreift die Bedeutung und das Wirken der Hierarchien für das moderne, zeitgenössische Bewusstsein neu und eröffnet einen Weg, wie der heutige Mensch die Größe, Schönheit und Heiligkeit der Engel erneut gewahr werden kann.